Der Mann, den die Technikmänner gemacht haben

Fox B. Holden

Writat

Diese Ausgabe erschien im Jahr 2023

ISBN: 9789359945712

Herausgegeben von
Writat
E-Mail: info@writat.com

DER MANN, DEN DIE TECHNIKER GEMACHT HABEN

Von FOX B. HOLDEN

Die unerbittliche Hitze der gelb-weißen Zwillingssonnen brachte die dünne Wüstenluft zum Kochen und versengte seine mühsamen Lungen, und er wusste, warum dies die Wüste der tausend Mirages genannt wurde. Die Wüste der tausend Höllen wäre ein besserer Name gewesen.

Sie sagten, hier könnte ein Mann verrückt werden. Wenn nicht von der verrückten, sich windenden, wogenden Hitze, die sich formt, dann von den schmerzgequälten Launen seines eigenen Gehirns. Aber verrückt oder nicht, Jonny Kane wusste, dass er irgendwie in dem Sattel bleiben musste, der nicht für menschliche Gesäßbacken gemacht war; Bleiben Sie rittlings auf dem silberhäutigen, haarlosen Tier, das nie für den menschlichen Transport gezüchtet wurde, und reiten Sie.

Sie könnten natürlich überall um ihn herum sein, und er würde es vielleicht nie erfahren, bis es zu spät wäre, seinen Flotten- Qharaak zu steuern und erneut in eine andere Richtung durch die bewegten, niedrigen Dünenwüsten in die Freiheit zu rennen . Sie konnten nur wenige Meter hinter ihm sein, aber er hatte nicht die Kraft, zurückzublicken, sondern nur die dicken Zügel zu ergreifen, die um seine blutenden Handgelenke geschlungen waren, um seine verkrampften Beine an den schrägen Flanken des Qharaaks steif zu halten . Und reiten und im rauchenden Sand ersticken.

Sein Gehirn brodelte in seinem Kopf und er schloss die Augen.

Er würde müde werden, den Halt verlieren, sein Reittier verlieren und im blendend weißen Sand verbrennen. Oder er würde mit ihnen zusammenstoßen, und sie würden ihn zurück zum Außenpostendorf führen, und sein Tod wäre ihr Verschulden. Welche Chance hatte schließlich ein Nachkomme der Erde gegen die kupferhäutige einheimische Polizei eines Procyon-Planeten, die durch seine Wüsten ritt, als wären sie die kühlen, grünen Felder der Mutterwelt, von der sein Vater so oft gesprochen hatte? Welche Chance?

In seiner Lunge war eine Flamme, und Feuer verbrannte das Innere seines halbnackten, einst starken jungen Körpers zu bröckelnder, geschwärzter Asche. Fahrt-

„Warte! Warte, sonst sticht dir ein Widerhaken durchs Herz!"

Der dröhnende Befehl kam von links. Und er schwenkte den Qharaak so heftig, dass er sich aufrichtete und beinahe seinen sechsfachen Halt im bewegten Sand verlor. Ein plötzliches Pochen ging an einem Ohr vorbei. Er versuchte, seine Beine so weit zu lockern , dass er dem stürzenden Tier einen Tritt in die Flanken versetzen konnte, aber die Muskeln darin waren wie Stahlklammern. Sie würden sich nicht bewegen.

Die Zügel an seinen Handgelenken waren glitschig und brannten vor Schweiß und Sand, da sich beides mit seinem Blut vermischte, und ließen sich durch den heftigen, plötzlichen Ruck von einer Seite leicht aus seinem Griff ziehen.

Und dann strömte ihm der überwältigende Geruch der anderen eingeseiften Qharaaks in die Nase, als die Dep-Troopers auf ihn zukamen. Er würgte davon und war krank.

„Komm schon, du! Du hast Glück, dass unsere Befehle tot *oder* lebendig waren! Richte dich in diesem Sattel auf, sonst wirst du zurückgezerrt zurückfallen!"

Eine Feder aus Uyja -Holz riss die Haut auf seinem Rücken auf und brachte ihn irgendwie fast aufrecht im Sattel. Er öffnete seine Augen ein wenig nach dem anderen angesichts des sengenden Feuers der Wüste. Sie hatten ihn mit ihren Bögen und Widerhakenschäften beringt und seinen Qharaak bereits an einen ihrer eigenen gebunden.

Und dann nahmen sie ihn zurück. Zurück zu dem schimmernden Ding am Horizont, das das Außenpostendorf war; zurück zu der Stelle, wo das Getriebe seines Rennwagens aus Mangel an ausreichend Schmiermittel stehengeblieben war und wo die Verfolgungsjagd begonnen hatte.

Aber darüber würde er nicht nachdenken. Er wusste davon, wusste um das Verbrechen, und jetzt muss er versuchen, über die Antworten für den Richter des Dep-Court nachzudenken. Es würden die gleichen Antworten sein, die er die anderen Male gegeben hatte. Es konnte keine neuen Antworten geben. Ob neu oder alt, niemand würde verstanden oder geglaubt werden. Aber er muss über etwas nachdenken, sonst würden die halben Visionen in seinem Kopf jetzt zu einem gewissen Wahnsinn führen; die Halbvisionen, die Dinge zu sehen, die es nicht zu sehen gab, die grellen weiß-gelben Augen von Procyon selbst und ihrem Satellitenstern, die grausamen schwarz-goldenen Augen der bärtigen, eisernen muskulösen Dep-Troopers, die ihn gefangen hatten .

„Sorgen Sie dafür, dass der Gefangene vor diesem Gericht aufrecht steht, Trooper!"

Der fleischspaltende Schmerz versetzte ihn in eine Art Pseudobewusstsein. Er kämpfte darum, sich von dem rauen Holzboden zu erheben, auf den er geworfen worden war, und hörte wieder Geräusche in seinen Ohren und verschwommenes Sehen in seinen Augen. Das Geräusch kam von der Menge. Ein gedämpfter Menschenlärm; Sie würden immer noch draußen sein und trotz der schweren Absperrungen, die sie umgaben, immer noch darum kämpfen, einen Blick auf seine defekte Spur zu werfen, und auf ein ausreichend großes Qharaak- Team warten, um sie wegzuschaffen.

Und der Anblick war eine fensterlose, dünnwandige Kabine, der einzige Gerichtssaal dieser engen Wüstenrandabteilung, und der Prokyman- Richter und die Soldaten, die untätig mit ihren stechenden Quirlen zu beiden Seiten und direkt hinter ihm standen.

Aber er war schon zuvor vor Prokyman- Richtern gewesen. Einmal hatte es sogar eine Jury aus der örtlichen Bauernschaft gegeben, und er hatte damals aufgrund seiner Jugend einen einfachen Freispruch errungen – das war ganze fünf Terrajahre her, als er kaum 12 Jahre alt gewesen war.

Er kämpfte sich ohne Hilfe auf die Beine und stand vor der hölzernen, thronähnlichen Struktur, auf der der in grobes Ruuk- Fell gegürtete Richter saß und mit seiner polierten Amtskeule spielte. Neben ihm stand sein Stenosmith . Der Stenoschmied hielt eine schlanke Schriftrolle in einer Hand, aber sein Rechtsvorgesetzter ließ sie zunächst unbemerkt und fixierte den Gefangenen des Gerichts mit einem Blick, der so hart war wie irdische Diamanten.

„Jon Kane, 17 Jahre alt, Sol III-Nachkomme der zweiten Generation, abtrünniger Kolonialbewohner des Landwirtschaftsdepartements Sol III von J'iira -IX: Verstehen Sie die gegen Sie erhobenen Vorwürfe?“

Er bemühte sich, seine Zunge so zu bewegen, dass sie die abgehackten Silben des Interplanetarischen formte. Es war eine alte Sprache, aber er hatte sie noch nie so leicht gesprochen wie die, die ihm sein Vater beigebracht hatte und von der er sagte, sie stamme aus Terra. Aber er müsse das Interplanetarische lernen, hatte sein Vater eines Tages gesagt, er könne sich vielleicht über die blauen Felder des Departements hinaus wagen, in dem er lebte; Eines Tages vielleicht sogar, um mit den Sternenmännern der großen ITA zu sprechen , die alle sieben Zyklen auf Procyon V landeten. Eines Tages vielleicht, und die Arbeit der Sprachlehrer wäre nicht umsonst gewesen.

„Anklage? Diese Männer haben keine Anklage erhoben, Senior. Sie haben ihn verfolgt und gedroht –“

„Schweigen! Ziviler Gebrauch Ihrer Zunge oder überhaupt keine Zunge! Das Gesetz schreibt sogar für Ketzer unter elf Jahren einen Prozess vor, sonst hätten Sie nicht das Glück, dort zu stehen, wo Sie sind! Stenosmith , Ihre Schriftrolle!"

Mit einer schnellen Bewegung war die schlanke Schriftrolle in den Händen des Richters und mit einer weiteren wurde sie vor ihm ausgebreitet.

„Sie werden beschuldigt, diese Abteilung in einem Kettenfahrzeug betreten zu haben, das mit eigener Kraft angetrieben wird. Das Fahrzeug ist von einem Typ, der nicht mehr von der Intergalactic Technical Alliance gewartet wird und daher nicht mehr funktionieren könnte."

„Aber, Senior, mein Fahrzeug war zufällig so gut konstruiert, dass es nie eine Panne erlitt, bis —"

„Gefangener, Sie lügen, und Sie kennen die Strafe für Meineid! Stenosmith , notieren Sie sich die Unwahrheiten des Gefangenen gegenüber dem Gericht. Die Anklage geht weiter: Sie, Jon Kane, wurden in den letzten zweieinhalb Jahren in benachbarten Abteilungen festgenommen Zyklen, bei verschiedenen Gelegenheiten, bei der Praxis der Herstellung von Werkzeugen und zumindest bei einer Gelegenheit bei der Verwendung solcher Werkzeuge bei der versuchten Reparatur von nicht funktionierenden Anlagen, die auf die gesetzlich vorgeschriebene Wartung des ITA warten. Bestreiten Sie das?"

"ICH-"

„Daher kommt dieses Gericht zu dem Schluss, dass das Fahrzeug, mit dem Sie in diese Abteilung gefahren sind, von Ihnen selbst repariert und in Bewegung gesetzt wurde! Bestreiten Sie das?"

Und plötzlich spürte Kane, wie sich etwas in ihm regte; Ich spürte es durch die Müdigkeit, durch den Schmerz, durch die Folter, die alles verzehrend zu sein drohte. Er stand aufrecht.

„Nein, Senior! Nein, ich leugne es nicht! Und ich habe den Schienenwagen nicht nur repariert, ich habe ihn gebaut! Ich habe ihn aus Teilen gebaut, die ich nachts von verlassenen Schrotthaufen gestohlen habe! Und ich habe ihn zum Laufen gebracht!"

Die Worte hatten seine Lippen kaum verlassen, als die Soldaten, die während der Vernehmung durch das Gericht den vorgeschriebenen Abstand zu ihm eingehalten hatten, ihn umzingelten und ihre muskulösen Hände wie Schraubstöcke auf seine Arme und Schultern legten.

Der Prokyman- Richter hatte plötzlich aufgehört, mit seinem Streitkolben zu spielen, und dann bewegte sich nur noch der Stenosmith und zeichnete wütend Kanes undenkbares Geständnis auf.

Dann wieder die Stimme des Richters; jetzt ein langsames, gemessenes Ding, aus Klang ohne Bewegung, aus dem Tod selbst.

„Gefangener Jon Kane, ich gewähre Ihnen hiermit Ihr Recht, Wahnsinn zuzugeben. Sprechen Sie."

Er spürte, wie sich die Augen des Richters in seine brannten, und konnte beinahe die subtilen Bewegungen des unerbittlichen Gehirns hinter ihnen erkennen.

„Das gebe ich nicht zu!"

„Dann ist es das Urteil dieses Gerichts, dass Sie morgen in Meridian vor eine Bogenabteilung der Kriegspatrouille des Ministeriums gebracht und in den Körper geschossen werden, bis Sie tot sind! Bringen Sie ihn weg!"

Er hatte geglaubt, dass der Schlaf der Erschöpfung, der kommen würde, traumlos sein würde, doch das war nicht der Fall; Er hatte geglaubt, dass der Schmerz in ihm, der durch das Liegen auf dem rauen Holzboden seiner winzigen Zelle so wenig gelindert wurde, die Vergangenheit über alle Gedanken und Erinnerungen hinaus bewahren würde, aber das war nicht der Fall. Und in dem Moment, bevor er am heißen Morgen seiner Hinrichtung aus seinem gequälten Schlaf erwachte, vermischten sich die beiden und blitzten erneut in seinem betäubten Gehirn auf; Es war nur der Bruchteil einer Sekunde, und es war sein ganzes Leben lang.

Da waren die gelben Bücher, die er gefunden hatte. Gelb vor Alter und doch irgendwie intakt, obwohl sie Asche der Flammen sein sollten, die den ganzen Rest verzehrt hatten, oder durch die Fäulnis des Vergessens und zweier Jahrhunderte der Zeit zerfielen.

Und da war sein Vater, der ihn beim Lesen ertappt hatte; sein Vater, ein ruhiger Mann, der wenig sprach, als ob viele Gedanken durch die Kraft seines Willens für immer an der Schwelle seiner Lippen blieben.

„Verbrenn sie, Junge", hatte er gesagt. „Verbrenne sie, wenn du fertig bist. Und dein Leben wird davon abhängen, wie du schweigst über das, was du darin gelesen hast. Dein Leben, Junge. Wenn du fertig bist, verbrenne sie!"

Das war alles. Er hatte eine ordentliche Tracht Prügel erwartet; Er hatte erwartet, die verbotenen Bücher vor seinen Augen in Stücke gerissen zu sehen. Aber das war alles.

Und er hatte sich erinnert. Er hatte sein Schweigen bewahrt, wie sein Vater gesagt hatte, als ob sein Leben davon abhinge, und dennoch war auf subtile Weise etwas in ihm gewachsen, das nicht unterdrückt werden konnte. Er hatte dagegen gekämpft, er hatte wach in seinem einfachen Feldbett gelegen und stundenlang den Geräuschen der Nacht gelauscht, die sanft über die wogenden blauen Felder des Ackerlandes seines Vaters wehten, und er hatte gegen die Gedanken gekämpft und war gescheitert. Aber an diesem Punkt in seinem Leben lernte Jonny Kane, dass man Ideen nicht verbrennen kann.

Er erinnerte sich daran, wie er sein erstes Werkzeug hergestellt hatte. Damit hatte er bessere Schuhe für die Qharaak- Teams seines Vaters geformt. Und dann gab es noch andere Werkzeuge, die er gelernt hatte, miteinander zu verbinden, und sein Teil der Bepflanzung des Tages war erledigt, lange bevor die anderen Männer bei Sonnenuntergang von den Feldern zurückkehrten.

Damals war er zum ersten Mal gefasst worden.

Die Werkzeuge waren zerstört. Und dann-

Dann hatte er mit einem Stein im weichen Lehm die Ausmaße eines neuen Grundstücks gemessen, ohne sich von der Stelle zu entfernen, an der er seine Berechnungen durchgeführt hatte, und dieses Mal –

Oh, der Richter hatte nicht übertrieben. Er hatte viele solcher Verbrechen begangen und konnte sich nicht dagegen wehren. Etwas in ihm ließ ihn nicht aufhören – etwas, das *nach dem Warum schrie* und ihn nicht zur Ruhe kommen ließ.

Aber als er den verrosteten Schrotthaufen aus seltsam geformtem Metall ausgegraben hatte, hatte er es seinem Vater nicht erzählt. Sein Vater wusste auch nicht, wann er die neuen Werkzeuge hergestellt hatte oder wann er einen ganzen Zyklus nach diesem Tag das Ding aus altem Metall fertiggestellt hatte, für das die Werkzeuge verwendet worden waren. Heimlich hatte er das Rohöl gestohlen, mit dem die Lampen im Haus seines Vaters betrieben wurden, und danach –

Danach wusste er nur noch, dass es *lief*!

Bis zu diesem Dorf. Bis gestern. Bis zum Tag vor seinem Tod.

Und dann erwachte Jonny Kane endlich.

Er hatte kaum die Augen geöffnet und war noch nicht aufgestanden, als auf der anderen Seite der schmalen Zellentür das Geräusch von Ketten zu hören war. Nicht so bald – nicht so bald; er hatte zu lange geschlafen!

Die schmale Tür wurde aufgerissen, und der plötzliche Sonnenschein schmerzte in seinen Augen. Aber er sah den Prokyman- Gefängniswärter, der ihn hierher geworfen hatte, und da war noch ein anderer. Ein etwas kleinerer, breitschultriger Mann mit Hautfarbe wie er selbst, der nicht die grobe Tunika der Dep-Troopers trug. Sein Körper war in eine silberschwarze Uniform gekleidet, wie er sie noch nie zuvor gesehen hatte. Und sein Gesicht –

Jonny betrachtete das Gesicht, obwohl es von dem hellen Licht beschattet wurde, das es umrahmte.

Es musste das Gesicht eines Terramans sein .

„Du bist der Jugendliche – Jonny Kane?" Der Terraman sprach das Interplanetarische fließend, aber mit einem seltsamen Akzent, und langsam dämmerte ihm die einzig mögliche Wahrheit. Aber warum – hier –? "Gib mir eine Antwort!"

„Ja – ja, Senior, Jonny Kane."

„Sie sind für die Intergalaktische Technische Allianz von Interesse."

„Ich soll für mein Verbrechen bezahlen –"

„Ich habe Ihre Freilassung sichergestellt. Mein Name ist B- Haaq ; Sie werden mich mit meinem Rang ansprechen, der Majtech ist . Sie werden mit mir kommen. Ihr Verbrechen wird nur bezahlt, wenn Sie sich Ihrer Rekrutierung für die Kadettenausbildung als unwürdig erweisen." Verstehst du?"

Benommen taumelte Kane auf die Beine. Vielleicht war er doch nicht aufgewacht. Es gelang ihm, auf die Frage, die der Majtech ihm gestellt hatte, schwach zu nicken .

„Na gut. Komm mit."

II

Die sanft geschwungenen Metallwände des Raumes schimmerten sanft im blassen, schattenlosen Licht, und für einen Moment schien die stille Kammer so riesig und gnadenlos wie die Unendlichkeit des Weltraums, die das große Schiff umgab, zu dem sie gehörte. Der alte Mann, der in voller Allianzuniform vor ihm saß, der Direktor Gentech selbst, hätte für den Moment eine Statue sein können, und die Offiziersgruppe, die ihn flankierte, war aus demselben Stein gehauen.

Er spürte, wie sich die Augen eines Drittels der riesigen Besatzung des Schiffes, zwölfhundert Arbeitstechniker stark, stetig in seinen Rücken bohrten, während er, allein in der schrecklichen Stille dieses Augenblicks, zwischen ihnen und diesen Statuenmännern stand, deren schnelle Köpfe, das wusste er, waren , wobei er die gegen ihn erhobenen Vorwürfe kalt abwägte.

Und dann wurde die Stille gebrochen. Majtech B- Haaq sprach wieder, sein noch junges Gesicht war rot vor der Hitze beeindruckend realistischer Empörung.

„Herren, ich habe Ihnen die Bilanz dieses Mannes in den letzten acht Jahren als angehender Techniker klar und ohne Ausschmückung vorgelegt. Und er dankt Ihnen, dass Sie ihn unter Tausenden anderen weniger glücklichen Jugendlichen auf seinem Planeten für die Ausbildung zum Offizier ausgewählt haben der Intergalaktischen Technischen Allianz war – welches anderes Wort könnte es beschreiben – anderes als Meuterei?" Und dann spürte Cadtech Jon Kane die volle Wucht des Blicks seines Anklägers auf sich.

„Du wurdest dem Tod selbst entrissen, in irgendeiner Höllenstadt auf einem Ascheplaneten in Canis Major. Und als Vergeltung für acht Jahre Unterricht, für den die meisten Männer gerne ihr Leben riskieren würden, haben Sie Ihre lange Liste von Fehlverhalten mit diesem Ultimatum verschärft Beleidigung – Weigerung, Ihren Auftrag als Lenantech anzunehmen, es sei denn, Sie dürfen ein Experiment durchführen, das nicht nur absurd ist, sondern das von Ihren Vorgesetzten fair bewertet und als wertlos befunden wurde." B-Haaq hielt inne, um kurz Luft zu holen. „Herren, ich gebe zu, dass der Fehler vielleicht von Anfang an bei uns lag und dass die Prokymen , die diesen jungen Ketzer töten wollten, wussten, wovon sie sprachen! Als Sektionsaufseher von Cadtech Jon Kane empfehle ich seine geistige und körperliche Reduzierung Minensklave und anschließende Entsendung auf eine der Minenwelten des Sternensystems, aus dem er rekrutiert wurde!"

Plötzlich schien es Kane, dass hier eine verrückte Art von Ironie vorlag – doppelt verrückt, doppelt ironisch, weil er zum zweiten Mal in seinem jungen Leben wegen Dingen, die er getan hatte und die nicht falsch waren, vor Gericht stand! War es in jener anderen Zeit, in diesem anderen Teil seines Lebens falsch gewesen, als er mit bloßen Händen ein Fahrzeug gebaut hatte, das sich aus eigener Kraft fortbewegte? War das ein so schweres Vergehen gewesen – und wenn ja, gegen wen? Das einfache Bauernvolk seines Planeten? Gegen die ITA selbst? Wenn das so ist, wie?

Und jetzt nochmal. Nach acht eifrigen Jahren, in denen er versucht hatte, alles zu lernen, was ihm und Tausenden anderen wie ihm zuvor strengstens verboten gewesen war – nachdem ein Wunder geschehen war, das ihn aus einer Proky- Todeszelle geholt und an einen Ort gebracht hatte, an dem er zum Lernen ermutigt wurde Geheimnisse, die ihn einst fast das Leben gekostet hätten – nach all dem hatte er ihn jetzt wieder irgendwie beleidigt.

Diese Männer waren keine grausamen Männer. Weder waren die Ausbilder überhebliche Aufseher, noch waren die Arbeitstechniker die arroganten Männer, die die Planetenbewohner vorsichtig mit ihren spöttischen Flüchen „Weltraumbastler!" beschimpften. Dennoch waren sie an ihre Ideen gebunden; Ideen, an denen man unbedingt festhalten muss, damit sie nicht dem Risiko einer Veränderung ausgesetzt werden. Kane war oft genug daran erinnert worden, warum das so war. Die Ideen, die Techniken, die Verfahren waren die Rettung eines ganzen Segments einer einst großen Zivilisation in einer halb vergessenen Vergangenheit, die die ITA hartnäckig ihre „Geschichte" nannte. Deshalb müssen sie unbedingt erhalten bleiben . Und deshalb war es falsch, Fragen zu stellen; Es ist falsch, die Ablehnung einer neuen Idee anzufechten.

Und deshalb war er in Schwierigkeiten. Denn diese Männer unterschieden sich letztlich kaum von denen, die ihn vor acht Jahren in der Wüste mit ihren Langbögen umzingelt hatten.

Sie waren Wächter zweier Sternensysteme .

Das Rückgrat der Zivilisation für über hundert Planeten. Ohne dies würden die Zivilisationen beider Länder sicherlich ein zweites und letztes Mal zurückfallen. Werkzeuge aus Holz und Stein würden ihre alten und unendlich komplexen Strukturen nicht lange stützen, und bevor man sich den bösen, aber notwendigen Geheimnissen der Vergangenheit mit genügend Mut stellen und sie neu erlernen konnte, würde es nur vermodernde Ruinen geben.

So lehrten seine Lehrer.

Deshalb müssen dieses Verfahren und diese Technik geschützt und unantastbar gehalten werden, wenn die Menschen vor Grausamkeit bewahrt werden sollen! Erinnere dich an den Holocaust, Kadett! *Das* ist der bewährte Weg!

Aber das Etwas in ihm, das er nie unterdrücken konnte – was auch immer es war, das ihn trotz der Warnungen seines Vaters zum Schweigen veranlasst hatte, sein Fahrzeug zu bauen –, dieses „Etwas" sollte erneut seinen Untergang bedeuten, selbst bei denen, die seine Retter gewesen waren .

„Ein Punkt der letzten Klarstellung, wenn ich darf, Majtech B- Haaq ." Ein uniformierter Coltech aus dem Gremium des Direktors Gentech hatte gesprochen, ohne von seinem Platz aufzustehen. „Sie haben behauptet, dass frühere Schwierigkeiten mit dem Angeklagten darin bestanden, dass die Lehrtätigkeit, die ihm übertragen wurde, tatsächlich *in Frage gestellt wurde?*"

„Manchmal, Sire, kam die Anfechtung einer völligen Weigerung gleich, bestimmte Standardverfahren zu akzeptieren, jeweils begleitet von der Behauptung des Angeklagten, dass sein eigenes Verfahren überlegen sei! Es gab, wie Sie sich vielleicht erinnern, die Affäre des durchgebrannten variablen Schubtransformators, ein Standardproblem im Unterricht. Cadtech Kane argumentierte, dass der Austausch einer bestimmten Sicherung in einem bestimmten Stromkreis eine ausreichende Lösung sei, und nicht der Austausch der gesamten Sicherungen, was in einem solchen Stromkreis natürlich zum Standardverfahren gehört Beispiel für zwei volle Jahrhunderte. Und noch einmal –"

„Das beantwortet meine Frage vollständig, Majtech , danke."

Dann ein weiterer Moment schrecklicher Stille – die schreckliche Zeitlosigkeit der Überlegung.

Jon Kane konnte den kalten Schweiß spüren, der seine gut geschnittene Kadettenuniform-Tunika feucht und klebrig machte. Er versuchte, ein Schaudern zu unterdrücken und so völlig regungslos dazustehen, wie die Männer vor ihm saßen.

„ Majtech B- Haaq ." Es war der Direktor Gentech selbst, der sprach. Seine Worte waren langsam, gemessen und mit einer Stimme gesprochen, die die eines Mannes hätte sein können, der zwanzig Jahre jünger war als er. Gentech Starn war im Alter von neunzig Jahren immer noch ein starker Mann und ein starker Anführer, und sein Name war seit seinem Vater, Direktor Gentech , seit sechzig Jahren ein Synonym für die drei Buchstaben ITA und die interstellare Autorität, für die sie standen Vor ihm war er auf einem der kalten, feindseligen Außenplaneten des Sonnensystems gestorben .

"Vater."

„Sie haben hervorragend vorgegangen. Ich möchte jedoch darauf hinweisen, dass ich in dieser Angelegenheit noch nicht ganz zufrieden bin. Ihr Angeklagter muss über bewundernswerte Fähigkeiten als technischer Offizier verfügen, sonst wäre er nicht für die Ausbildung ausgewählt worden und hätte sich auch nicht so viel Mühe gegeben Es wurden von Anfang an aufgewendet, um ihn zu erhalten. Welche Herausforderungen auch immer, wie Sie behaupten , er gestellt hat, können also nicht völlig unverantwortlich gewesen sein. Und es ist schon lange her, dass es eine technologische Herausforderung der Intergalaktischen Technischen Allianz gegeben hat !" Ein kaum wahrnehmbares Lächeln berührte die verblassten, welken Lippen, und Kane glaubte, in den letzten Worten, die sie gesprochen hatten, eine vorübergehende Leichtigkeit wahrgenommen zu haben. „ Deshalb schlage ich vor, Majtech – und meine Herren dieses Gremiums, dass die endgültige Entscheidung vom Erfolg oder Misserfolg des Experiments abhängt, das der Angeklagte angeblich vorgeschlagen hat und von dem er so hartnäckig ablehnt, es aufzugeben!"

„Aber – Sire, ich behaupte, dass Cadtech Kane sowohl durch seine eigenen Worte als auch durch seine Taten seine Schuld in dieser Angelegenheit eingestanden hat! Er hat alle Anklagen freimütig gestanden; hat trotzig und offen behauptet, dass sein Experiment erfolgreich sein wird, und hat sich geweigert, seinen Standpunkt in diesem Ratssaal zurückzuziehen –"

„Unsere Entscheidung, Majtech B- Haaq , im Bewusstsein der Torheit, einen ansonsten kompetenten angehenden Techniker ungebührlich auf den Bergbauplaneten zu verschwenden, sofern dies nicht zu unserer vollsten Zufriedenheit gerechtfertigt ist, ist, dass das Experiment fortgesetzt werden darf! Diese Anhörung wird daher vertagt!"

In der Werkstatt, der er zugewiesen worden war, befanden sich keine weiteren Personen. Er sollte allein an seiner Antriebseinheit arbeiten, hatte Majtech B- Haaq angeordnet, und der Grund war natürlich klar. Ein junger Ketzer genügte.

Aber was wäre, wenn das glitzernde, fein bearbeitete Objekt, das vor ihm auf der langen Werkbank ruhte, falsch war und nicht funktionieren würde? Doch er wusste, dass es so sein würde! Die von ihm entwickelte Antriebseinheit, montiert in einem Standard- Raumschiff , würde problemlos die fünffache Geschwindigkeit und Leistung erzeugen, weniger als halb so viel Atomtreibstoff verbrauchen, die Reichweite vervierfachen und doppelt so lange halten.

Der Bau hatte etwas mehr als einen Monat gedauert; B- Haaq hatte ihm widerwillig so viel Zeit gewährt, wie er es für nötig hielt, aber er hatte sich trotzdem beeilt – sechzehn, manchmal achtzehn Stunden am Stück.

Dennoch war die Arbeit nicht schwierig gewesen. Als er die einfachen, kompakten Teile bearbeitete und formte und zusah, wie seine Kreation von einem Tag zum anderen stetig wuchs, war er erstaunt dass bestimmte selbstverständliche Innovationen des Designs nicht schon Jahre zuvor übernommen worden waren. Er wusste, dass er nicht so viel schlauer war als sie! Vielmehr schien es fast so, als ob eine solche Verbesserung bewusst vermieden worden wäre. Und ITA-Weltraumantriebe waren nach wie vor umständlich, übermäßig komplex und unhandlich.

Er richtete sich von seiner Arbeit auf. Es war geschafft, und die Schiffe der Intergalaktischen Technischen Allianz würden mindestens ein ganzes Jahrhundert aufholen! Jetzt musste er nur noch ein Installationsteam aus Labortechnikern anfordern , ein paar Stunden lang die Aufsicht übernehmen und dann –

„Meister Kane!"

Der erschrockene Cadtech wurde sofort aufmerksam. Es war B- Haaq . Er hatte die Werkstatt ohne Zeichen betreten .

"Ja mein Herr!"

„Ich muss dem Hauptquartier der Gentech einen Bericht über Ihre Fortschritte vorlegen .“ Er sprach ruhig, aber Kane konnte den Groll in seiner Stimme spüren.

„Meine Arbeit ist abgeschlossen, Sire. Ich bereitete mich gerade darauf vor, ein Labortech- Installationsteam zu rufen und zu beaufsichtigen –“

„Ich übernehme die Beschwörung, Master Kane! Und die Aufsicht! Ich halte es nicht für nötig, Sie daran zu erinnern, dass ich, selbst wenn Sie Ihren Auftrag abgelehnt haben, meinen eigenen schon vor einiger Zeit angenommen habe! Dieser Mechanismus ist abgeschlossen, sagen Sie.“ ?"

„Ja, Sire. Ich hoffe, dass mir gestattet wird, zu steuern –“

B- Haaq beugte sich über die glänzende Einheit, sein Gesicht war ausdruckslos. „Niemand darf das Schiff steuern, Meister Kane“, sagte er, ohne aufzusehen. „Wir von der ITA wissen immer noch etwas über Funkfernsteuerung, das versichere ich Ihnen. Sie werden vom Navigation Information Center aus an den dort bereits für diesen Zweck eingerichteten Steuerungen arbeiten.“

Kane schwieg und versuchte, sich seine Enttäuschung nicht ins Gesicht stechen zu lassen.

„Sagen Sie mir, Meister Kane –“ und der Sektionsaufseher hatte sich aufgerichtet und sah ihn nun wieder direkt an, „wurde Ihnen jemals gesagt, warum Sie – ich glaube, es gibt ein besseres Wort – von Ihrem Höllenplaneten in Procyon ausgewählt wurden? für die ITA?“

„Ja, Sire , das war ich während der Grundindoktrination“, antwortete Kane.

„Das ist also ein Glücksfall. Sie wissen zumindest, dass wir dachten, wir könnten aus Ihnen einen Techniker machen! Melden Sie sich in einer Stunde im NIC-Raum, Master Kane! Bis dahin wird Ihre kleine Show fertig sein. Das sind Sie entlassen!"

Direktor Gentech Starn selbst betrat, flankiert von drei seiner engsten Mitarbeiter, den NIC-Raum.

Sie nahmen stehende Positionen hinter Kane ein. Und hinter ihnen, im vorgeschriebenen Abstand des Respekts, gruppierte sich die gesamte Besatzung des Schiffs aus Abteilungsaufsehern und Ausbildern. Kane stand vor dem zentralen Navigationsbildschirm und seinen kompakten Bedienelementen.

Plötzlich blitzte ein roter Blinker auf, dessen schwaches Licht von den unzähligen Schichten empfindlicher Mechanismen reflektiert wurde, die die geschwungenen Trennwände des Raums säumten. Er drückte einen Knopf und der Bildschirm vor ihm erwachte zum Leben. Schwärze, übersät mit den winzigen weißglühenden Funken, die die Sonnen der Milchstraße waren. Und dann plötzlich ein größerer, der sich schnell bewegte.

Und dann war er sich der elektrisierenden Stille, die ihn umhüllte, nicht mehr bewusst, und es gab keine Empfindung, keinen Gedanken außer der einzigartigen Empfindung und dem Gedanken, die Nerven koordinierten und Muskeln sensibel disziplinierten; der seine Finger zielsicher über die mit Nieten versehenen Kontrollbänke lenkte und den streifenden Raumtender so sicher führte, als würden sie in den Weltraum greifen und ihn berühren und ihn aus eigener Kraft auf seinem weiten, geschwungenen Kurs halten.

Die Anzeigen der Relais summten und klickten leise; Geschwindigkeits- und Leistungswerte wurden registriert, und das Navigationsnetz verfolgte den Weg des Flottenfahrzeugs durch die Leere.

Dann sprach Kane. „Meine Herren, wie Sie sehen können, bewegt sich der Spacetender , in den meine Antriebseinheit eingebaut ist, jetzt mit der Geschwindigkeit, die normalerweise als Höchstgeschwindigkeit gilt, und mit der normalerweise für ein solches Fahrzeug maximalen Leistung." Zuerst spürte er, wie seine Stimme schwankte, und dann wurde sie durch den Klang und das beruhigende Gefühl der Kontrollknöpfe unter seinen Fingerspitzen fester und fester. Und er wusste, dass sie zuhörten. Er hörte zu, als wäre es der Gentech selbst, der sprach. Dann nahm er all seinen Mut zusammen. „Ich werde jetzt", sagte er, „den Tender auf das Dreifache seiner derzeitigen Geschwindigkeit beschleunigen und gleichzeitig die Leistungsabgabe um etwa das Sechsfache erhöhen. Bitte beobachten Sie die mittlere Anzeigengruppe genau."

Er drückte seinen Finger auf einen weißen, rautenförmigen Stecker und sein Atem stockte ihm im Hals.

Der Bildschirm folgte genau dem Kurs des Tenders. Die Messgeräte kicherten und summten.

Und dann wurde die Schwärze mit einem funkelnden, lautlosen Blitz aufgerissen, und der Tender war im Nu nichts weiter als eine weiße Wolke aus sich schnell auflösenden Atomen!

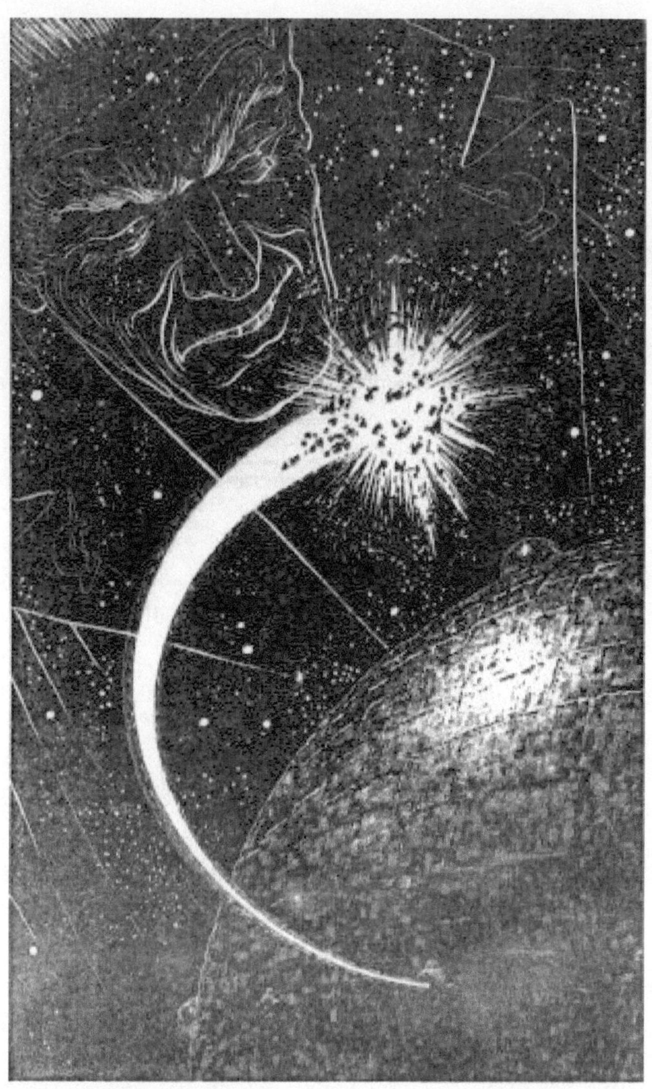

Nein nein Nein!

Hinter ihm war kein Laut zu hören, aber er wusste, dass sich die riesige Kammer schnell und lautlos leerte.

Er wandte sich nicht vom Bildschirm ab. Jetzt war es wieder schwarz, nur durch die winzigen Funken, die die Sterne waren, aufgehellt.

Er wusste nicht, wie lange er dort stand oder wie lange er zusah. Minuten — oder vielleicht sogar Stunden. Er wusste nur, dass in ihm eine unkontrollierbare Wut, Ungläubigkeit und hilflose Frustration brodelte , die nicht nachlassen wollte, und mit ihr ein verrücktes Durcheinander von Gedanken, die überhaupt keinen Sinn ergaben.

Dann hörte er einen Mann hinter sich. Es war B- Haaq .

„Schade, dass du deine Lektion so spät gelernt hast", hörte er den Majtech sagen, „ *Mein Sklave!* "

III

Jon Kanes kompaktes Quartier wirkte eingeschränkter denn je; Die gebogenen Schotten schlossen sich um ihn herum, und er war ein Tier in der Falle. Er wartete auf das Gemetzel, dachte er. Er wusste, dass es das sein würde. Er würde keine Chance haben, wenn sein Prozess wieder aufgenommen würde. Es gäbe keine Möglichkeit, B- Haaq dazu zu bringen, seine Tat zuzugeben, und ganz gleich, wie die Anklage geäußert wurde , es wäre die Anklage eines Gefangenen und würde auf weniger als unsympathische Ohren stoßen. Und da das Raumschiff so viele verfluchte Atome in der Unendlichkeit trieb, konnte es natürlich keinen Beweis geben.

Warum hasste B- Haaq ihn so? Das war mehr als nur ein Offizier, der seiner Meinung nach nur seine Pflicht erfüllte – das war einzigartiger, persönlicher Hass! Aber warum?

Er warf zum zehnten Mal in dreißig Minuten einen Blick auf sein Handgelenk ; die Schlafphase war zur Hälfte vorbei und er wusste, dass er wahrscheinlich die restliche Hälfte wach bleiben würde. Und die restliche Hälfte kam so langsam voran. Wenn es nur etwas gäbe, was er *tun könnte* . Wenn er nur eine weitere Einheit bauen und selbst installieren könnte! Wenn-

Vollständig bekleidet setzte er sich in seiner Koje auf. Zögerte nur einen Moment und ging dann durch die kleine Kabine zu der einzigen schmalen Luke. Das einfache Zeitschloss, das es sicherte, war alles, was ihn gefangen hielt – eine traditionelle Frage der Form, da jeder geschickte Meistertechniker es mit einem Stück dünnem Draht an den richtigen Stellen anbringen konnte …

Der Plan nahm in seinem Kopf in den wenigen Augenblicken Gestalt an, die er brauchte, um den empfindlichen Mechanismus unbrauchbar zu machen; Es war für Alarmzwecke manipuliert worden, aber der Alarm ertönte nie. Einen Augenblick später war er auf dem Laufsteg.

Er schritt schnell und lautlos voran, das dünne Stück Draht immer noch in einer Hand. Er kam fast an der selten benutzten Luke vorbei, als er sie erreichte, so sauber war sie mit Scharnieren in der Trennwand befestigt. Aber er wusste, was dahinter lag, und dieses Wissen schien seine geschickten

Finger zu beschleunigen. Innerhalb weniger Augenblicke öffnete sich die Luke lautlos und er befand sich in der Kammer. Die Waffenkammer des Flaggschiffs.

Wäre da nicht die Labortechnik ? Articifers , die ordentlich gestapelten Waffen wären längst verrostet, nutzlose Dinge. „NUR zur Verwendung auf fremden, unbekannten und möglicherweise feindlichen Planeten", heißt es in den ITA-Vorschriften. Es handelte sich um eine Regel , die für die gesamte Flotte galt und seines Wissens so gut wie vergessen war. Denn im Interessenbereich der ITA gab es keine „fremden, unbekannten und möglicherweise feindlichen Planeten" mehr, und im Übrigen waren Waffen für die ITA jahrhundertelang unnötig gewesen. Denn es verfügte über eine weitaus mächtigere Waffe als jede Waffe, die es aus Metall herstellen konnte. Es musste lediglich seine Dienste für eine Weile verweigern .

Ein Lächeln breitete sich langsam auf Jons Gesicht aus, als er begann, die Waffen selektiv zu untersuchen. Vielleicht würde er sogar einen Langbogen finden! Herr, hier gab es sogar ein Gerät, das mithilfe von Sprengpatronen kleine Projektile antreibt! Diese Dinge waren jahrhundertelang unnötig gewesen!

Doch langsam verwandelte sich das Lächeln in ein besorgtes Stirnrunzeln. Erst eine Waffe, dann noch eine und dann noch eine.

Aber er muss einen finden! Und dann konnte er B- Haaq dazu bringen , zuzugeben, was er getan hatte.

Es war ein gedämpftes, metallisches Geräusch, aber es wurde von seinem Bewusstsein wahrgenommen und er wirbelte herum. Gerade als er sich aufrichtete, leuchteten die Lichter plötzlich in voller Stärke; Wer auch immer so lautlos hinter ihn getreten war, hatte keine Zeit verloren, den Bolzen des Schotttransformators zu finden.

Es war der diensthabende Beamte, und eine hastig geschnappte Handfeuerwaffe wurde auf ihn gerichtet.

Und selbst im plötzlichen Glanz der Lichter erkannte er sie. Lenantech Deanne Starn , die Nichte des Gentech , selbst!

„Hände hoch, Kadett!"

„Warum? Das Ding, das du in der Hand hast, ist nicht mehr aufgeladen, seit Hanna Teeveeyes bekommen hat ." Er grinste. Selbst im weißen Glanz war sie nicht schwer zu erkennen. Es gab eine Reihe von Geschichten, die durch die Kadettenquartiere kursierten, aber dann. Die meisten Gerüchte besagten, dass B- Haaq selbst der glückliche Mann war, und es gab nur wenige andere, die anderer Meinung waren. Den Schiffsfrauen, die nicht die schlanke Figur, das frisch geschnittene blassblonde Haar oder die großen blauen Augen und die feinen Gesichtszüge und den schnellen, wachen Verstand hatten, die so typisch für die Familie von Starn waren, ging es aus diesem Grund nie schlecht. Denn für die Männer an Bord gehörte sie B- Haaq , und das war das Ende!

Sie schien nicht gehört zu haben, was er sagte.

„Sie sind Cadtech Kane, nicht wahr? Glauben Sie, dass diese zusätzliche Anklage wegen versuchter rechtswidriger Waffenbeschaffung Ihrem Fall in irgendeiner Weise helfen wird?"

„Das habe ich gedacht, ja."

„Du bist jetzt so gut wie in den Minen. Und ich folge deiner Logik nicht. Beweg keinen Muskel!"

„Du könntest das Ding genauso gut wegwerfen, Lenantech , es nützt nichts. Ich suche immer noch nach einem, nämlich mir selbst. Und wenn du mich meldest, werde ich ganz sicher nicht versuchen, dich aufzuhalten." Das würde mich doch noch tiefer hineinziehen lassen, nicht wahr?"

Ihre Gesichtszüge waren weiß und regungslos. Nur ihr Handgelenk bewegte sich; Sie lenkte die Mündung ihrer Waffe nur um den Bruchteil eines Zolls ab und drückte den Abzug.

Die Waffe klickte leer, und das war alles, was sie tat.

"Du-"

„Ich habe nichts. Habe es dir gerade gesagt. Schau, Lenantech , die Leute haben mit Langbögen auf mich geschossen, mich fast nackt durch die Wüsten von Prokyfive geschleppt , mich mit Peitschenhieben geschlagen und mich sabotiert. Jetzt habe ich genug."

„Für mich ergeben Sie keinen Sinn, Master Kane. Sie haben nur noch eine Minute, um hier rauszukommen, oder –"

„Du meinst, du würdest mich nicht melden, wenn ich es täte?"

Sie errötete. „Das habe ich nicht gesagt. Aber da du schon so gut bist wie-"

„Genau das ist es. Aber wenn ich hier finde, was ich suche, kann ich das vielleicht ein wenig ändern. Mein Raumschiff ist da draußen nicht auseinandergefallen, weil es nicht funktionieren würde! Ganz und gar nicht." Seht, das hat es nicht getan!"

„Seien Sie vorsichtig, was Sie sagen, Meister Kane!"

„Die Wahrheit ist die Wahrheit, nicht wahr? Auch wenn ich nicht beweisen kann, dass ein gewisser Majtech wollte, dass ich verliere und hier rausgeworfen werde, so schlimm, dass mein Experiment ruiniert wird?

Vielleicht habe ich zu viele Fragen gestellt oder zu viele beantwortet falsch herum. Ihre Vermutung ist genauso gut wie meine. Aber statt logischer Erklärungen oder fairer Bewertungen bekam ich stattdessen ein Kriegsgericht. Vielleicht können Sie mir sagen, Lenantech – warum bei einem Ackerschlepper eine ganze Verteilerkopfbaugruppe austauschen? Der Rotor kann alles sein, was nötig ist? Warum eine neue Zündkerze, wenn alles, was erforderlich ist, das Zurücksetzen ihrer Punkte ist? Warum bei einem Logarithmus mit einer Basis von 10 bleiben, wenn andere Basen oft eine ganze mathematische Operation viel einfacher machen könnten ? Und Wenn ein Mann Ihnen eine bessere Antriebseinheit bauen kann, warum sollten Sie sie dann für ihn zerschlagen und ihn diskreditieren?"

„Ich denke, das Gericht hat diese Fragen ausreichend zur Kenntnis genommen, Master Kane." Sie hatte die Waffe gesenkt und war sogar einen Schritt näher an ihn herangekommen. Und für einen Moment glaubte er, ein Aufblitzen von Interesse in ihren Augen gesehen zu haben.

„Ich weiß, was das Gericht getan hat. Aber Sie können genauso gut denken wie jeder andere, nicht wahr? Wie lauten Ihre Antworten, Ma'am?"

„Dies ist kaum der richtige Ort für eine Geschichtsvorlesung, Meister Kane. Aber die ITA wurde aus den wenigen Technikern gebildet, die es schafften, dem Zorn der kriegsmüden Zivilisationen zu entgehen, die sich gegen sie und gegen Männer wandten, die Wissenschaftler, was auch immer sie waren, als solche bezeichnet wurden." Sie sind für die systemweite Zerstörung und den Massentod verantwortlich. Das wurde Ihnen beigebracht. Viele ihrer Methoden und ein großer Teil ihres Wissens gingen verloren. Das wurde Ihnen auch beigebracht. Aber es waren diese Methoden und dieses Wissen, die sie einst vor der Zerstörung retteten und machte die ITA möglich. Was nicht verloren ging, ist heiliges Wissen, Meister Kane, und nur für wenige, die es wissen, und für diese wenigen, die militant darauf achten müssen, dass nicht noch ein Jota davon verloren geht!"

„Du hast recht. Das alles wurde mir beigebracht. Aber du hast meine Fragen immer noch nicht beantwortet! Angenommen, ich würde dir sagen, ich könnte ein Projekt AA in weniger als einer Stunde durchführen und es garantiert fünfhundert Jahre lang halten." Was würden Sie dazu sagen?

Er sah, wie sich ihre Augen weiteten. „Das ist purer Unsinn, und das wissen Sie, Kadett! Eine doppelte Eins dauert ganze sechs Monate, außer im Notfall, und hält höchstens fünfzig Jahre lang! Ja, sogar die Genies jener alten Kriegsjahre, die gezwungen wurden, schwanger zu werden und die Konzeption des Projekts hätte nicht besser sein können –"

Jon grinste erneut. „ Eines Tages werde ich es dir vielleicht zeigen, Lenantech ! Ich und die Planeten und du! Aber du solltest besser loslegen und mich melden, bevor du in Schwierigkeiten gerätst –"

„Ja, das hatte sie tatsächlich!"

Das Mädchen erbleichte und Jon wurde schlecht. Es war B- Haaq . Es war immer B- Haaq . Jetzt steht er in der Luke und seine schwarzen Augen leuchten.

Plötzlich spürte Jon, wie etwas in ihm schnappte; Plötzlich versagten ihm die empfindlichen Mechanismen seines Gehirns, die Vernunft und Verlangen auf einer straff ausbalancierten Ebene der Stabilität gehalten hatten, und frustrierte Wut war wieder in seiner Kehle, und das blendende Weiß des explodierenden Raumschiffs schwamm wieder vor seinen Augen. Er spürte, wie sich sein rechter Arm über seinen Kopf hob, spürte das Gewicht von etwas an seinem Ende und spürte dann, wie der Arm nach unten sank und plötzlich von dem Gewicht befreit wurde.

Die schwere Handfeuerwaffe flog direkt auf B- Haaq zu und flog von seinem Kopf ab.

Der Mann sackte zusammen und fiel fast lautlos.

Und für eine ganze Sekunde schien es Jon, als sei die Zeit stehen geblieben. Das Mädchen war regungslos, der Ausdruck des Unglaubens war auf ihren Gesichtszügen erstarrt, und eine betäubende Lähmung erfasste seinen eigenen Körper.

Dann war er in Bewegung, und es war eine automatische Sache, seine Arme und Beine bewegten sich schnell, als ob er völlig unabhängig von seinem Gehirn wäre. Innerhalb von Sekunden hatte er den bewusstlosen B- Haaq in eine hintere Ecke der Waffenkammer gezogen und ihn mit seinem eigenen Amtsumhang bedeckt. Er zog einen Doppelständer Neurogewehre vor den formlosen Haufen, und bevor sie sich von ihm lösen konnte , packte er das Mädchen an einem Arm und trieb sie zur Luke.

„Kane, was denkst du –"

„Keine Zeit zum Reden, Ma'am. Diese Lichter brennen schon zu lange – jeden Moment wird jemand den Energieverbrauch in der Generalkontrolle bemerken. Außerdem hat B- Haaq Sie bei mir gesehen und gehört, wie ich Ihnen gesagt habe, dass Sie gehen sollen Gehen Sie und melden Sie mich. Wenn ich ihn also nicht getötet habe …"

„Du bist verrückt! Er würde nicht-"

Jon verstärkte seinen Griff und sah ihr direkt in die Augen. „Sie wissen, dass er es tun würde, Ma'am. Schon allein deshalb, weil er mich so sehr hasste und Sie bei mir gefunden hat. Wir müssen los."

"Du lässt mich gehen!" Mit einem schnellen Ruck befreite sie sich von ihm. „Du vergisst, nicht wahr, dass es nur eine Frage der Zeit ist, bis du gefunden wirst, egal wohin auf dem Schiff du gehst? Und wenn sie dir etwas Schlimmeres als die Minen geben können –"

alle Raumschiffe des Schiffes in die Luft gesprengt hat . "

„Sie werden im Handumdrehen generalüberholt sein!"

„Zehn Minuten Arbeit und ich kann die Geschwindigkeit jedes dieser Eimer verdreifachen. Kommst du, oder nicht?"

Er wandte sich von ihr ab, duckte sich schnell durch die Luke und wählte eine Backbordrampe, die ihn zum Wartungsdeck tragen würde. Dort würde mindestens ein Beiboot in gutem, funktionstüchtigem Zustand liegen.

Er drückte sich flach gegen die Rampenwand, als er sich ihrem Ende näherte; hörte zu. Nichts. Die Wartungsarbeiten liefen wie immer herum und während der Schlafphase gab es nur eine Notbesatzung.

Im Halbdunkel streckte er die Hand nach oben und spürte, wie seine Finger über die geschwungene, glatte Decke des sanft geneigten Gangs strichen. Dort; eine Notdruckleitung, die sich im Falle einer Fehlfunktion der atmosphärischen Regler des Schiffes automatisch öffnet. Bei einem plötzlichen Abfall von mehr als acht Unzen pro Quadratzoll könnte in den Kanälen ein Notdruck aufgebaut werden; und würde sofort freigegeben, wenn es mehr als drei Pfund übersteigt. Alles, was er tun musste, war, diesen einzelnen Kanal in die „Überschuss"-Position zu bringen und den Atem anzuhalten.

Es war, als würde er mit bloßen Fingern ein Schloss knacken, und sie fühlten sich an wie fette Würstchen. Und dann hatte er es.

Plötzlich ertönte ein Schrei entweichender Luft um ihn herum, und er stürzte nach vorne.

Irgendwo ertönte ein Alarm, und er wusste, dass in wenigen Augenblicken die gesamte Wartungsmannschaft fertig sein und mit allem, was sie hatte, vom Geigerzähler bis zum Ballendraht, auf die Rampe strömen würde. Selbst über den fast ohrenbetäubenden Alarmton hinweg konnte er bereits das Stampfen ihrer Füße hören.

Er rannte darauf los.

Als wir den Liegeplatz erreichten, lag ein Beiboot darin, bereit und wartend.

Er hatte die Außenschleuse des kleinen Fahrzeugs innerhalb von Sekunden geöffnet.

„KANE!"

Er wirbelte herum, während sich das innere Schloss öffnete. Es war Deanne Starn . Und sie rannte auf ihn zu.

Die innere Schleuse war offen, und Jon schob sie hindurch und ließ sich dann vor der Miniaturkontrollkonsole festschnallen, kurz bevor der Blinker blinkte, um zu signalisieren, dass die äußeren und inneren Schleusenöffnungen verschlossen waren.

Er wartete nervenaufreibende zwanzig Sekunden, bis die Flanke des Flaggschiffs aufklaffte, und drückte dann die Zündbolzen bei voll geöffnetem Gaspedal nach unten.

Der Tender sprang wie ein verwundetes Ding aus seinem Liegeplatz, und für einen Moment drehte sich Space mit Übelkeit, und Jons Augen verschleierten sich aufgrund der beispiellosen Startbeschleunigung. Könnte genauso gut alle Regeln im Buch brechen.

Dann übernahmen die Stabilisatoren die Kontrolle und die Lage begann sich zu beruhigen. Er schaltete die Automatik des Bootes ein, löste die Gurte und machte sich schwerelos auf den Weg zum Achterteil des Tenders.

„Kane, wohin gehst du? Wohin gehen wir?"

„Ich werde mit dieser Wanne herumspielen, bis der große Lastkahn da hinten uns nicht mehr für Spacedust abholen kann . Und wir fliegen zu einem kleinen abgelegenen Planetoiden, den die ITA nur etwa alle dreißig Jahre erreicht. Das haben sie genutzt um es Titan zu nennen.

„Ein Satellit eines der Sol-Planeten, nicht wahr?"

„Man hat plötzlich viele kluge Antworten."

„Können Sie – können Sie es finden? Ganz alleine?"

„Mein Vater wurde gleich nebenan geboren. Ich kann es finden."

<hr>

IV

Die Erde bebte.

Sie zitterte wie ein gelähmtes Tier, und große Risse zerrissen ihre dicke Haut, als Flutwellen wie riesige Hämmer auf die Küsten ihrer Kontinente einschlugen und gnadenlos eine Vielzahl juwelenartiger Inseln überschwemmten, die ihre riesigen Ozeane übersäten.

Ihre künstlichen Satelliten waren längst abgestürzt, und ihr natürlicher Mond schwankte bedrohlich auf seinem uralten Kurs. Große, gezackte Brocken lösten sich, als die karge Felsmasse gefährlich nahe an de Roche's Limit vorbeizog.

Einige der niedrigeren, stabileren Gebäude in den Städten, die über die weiten Kontinente verteilt waren, waren noch intakt, und in der größten Stadt, der Hauptstadt selbst, waren einige der breiten, tief gelegenen Einkaufszentren und Durchgangsstraßen zumindest teilweise noch passierbar.

Doch Senator Martin Stine, ein konservativer Sozialist, der den Bundesstaat Penn-York vertritt, hatte dennoch Mühe, seine Wut im Zaum zu halten. Es war eine Wut, die sowohl von der Angst tief verwurzelter Angst als auch von der Verärgerung beim Versuch, seinen Pneumo-Wagen durch die mit Trümmern übersäte Allee zu steuern, die zur Hauptstadt führte, geweckt wurde, und wieder schoß ihm der Gedanke durch den Kopf, dass er einen hätte nehmen sollen der Decken, obwohl einige von ihnen stellenweise gefährlich durchhängten.

Aber er hatte keinen mitgenommen, und es waren weniger als eine Viertelmeile bis zum Ziel. Wenn er in letzter Zeit nicht so wahllos zu seinem normalerweise 195 Pfund schweren und 1,80 Meter großen Körpergewicht zugelegt hätte, hätte er das verdammte Auto parken und den Rest des Weges rennen können. Nur noch etwa einen Block.

Und bei dieser Sitzung würde das Fell mit Sicherheit fliegen, wenn der Planet lange genug zusammenhielt, um überhaupt in Schwung zu kommen. Er hatte sie das letzte Mal vor den Tinkers gewarnt. Taub. Alle.

Sein schweres Gesicht war rot, als er endlich vor der Hauptrampe des Kapitols ankam . Er wartete nicht darauf, dass ein Roboterparker kam und übernahm, sondern hielt sein Fahrzeug einfach abrupt an und ließ es dort stehen, wo es stand. Und trotz der zusätzlichen Pfunde, die er in letzter Zeit zugenommen hatte, bewegte er sich mit einer fast katzenartigen Anmut die breite, ansteigende Rampe hinauf, während die Wut in ihm stetig zunahm.

Er betrat den riesigen Saal und nahm seinen Platz ein, gerade als der gedämpfte Lärm privater, nervöser Gespräche vom Tridianer unterbrochen wurde .

„Meine Herren, der Generalpräsident der Vereinigten Erdrepubliken!"

Schweigen. Dann das krachende Geräusch tausender Männer, die aufstehen. Ein kleiner, grau aussehender Mann mit vorzeitiger Glatze durchquerte, flankiert von seinen Außen- und Verteidigungsministern, die Vorderseite des großen Saals und bestieg dann allein das Podium.

Und die Dringlichkeitssitzung des Obersten Kongresses der Vereinigten Erdrepubliken wurde begonnen.

Senator Martin Stine war der zehnte Mann, der ausgezeichnet wurde.

Er stand schnell auf und nahm den Jeep-Pike aus der Vertiefung auf seinem Schreibtisch.

„Bisher", begann er und versäumte es sogar, seine Bemerkungen mit der traditionellen Begrüßung an den Präsidenten und die Gruppe als Ganzes zu beginnen, „habe ich zehn Empfehlungen für das Vorgehen in der gegenwärtigen Krise gehört, und jede davon war ungefähr so gut..." kniete wie derjenige davor! Es gibt eine Lösung für diese Sache und nur eine. Wenn wir nicht wollen, dass dieser Planet innerhalb der nächsten 72 Stunden in alle Ecken des Weltraums zerstreut wird , müssen wir das Projekt AA in Gang bringen, und zwar verdammt schnell! I Mir wurde mitgeteilt, dass sich im Umkreis von dreißig Flugstunden um dieses System ein Tinker-Schiff befindet. Wenn wir jetzt handeln und sie rufen, wie wir es vor fünf Jahren auf einem ESR hätten tun sollen, könnten wir vielleicht noch rauskommen von diesem mit ganzen Häuten. Einige von uns jedenfalls. Meine Herren, die Verlustlisten von vor einer Stunde waren nicht sehr ermutigend."

„Wird der Senator aus Penn-York einer Frage nachgeben?"

Stines kalte blaue Augen schnappten. „Geben Sie dem Senator von Texamerica für eine Minute nach ."

„Die ITA hat vor etwa elf Jahren ein Projekt AA für dieses System durchgeführt, nicht wahr? Und sie hat in den letzten einhundertzwanzig Jahren genau sieben Notdienstanfragen beantwortet, nicht wahr? Angesichts der häufigen Hilfeleistung scheint es … "

„Was der Senator aus Texamerika wirklich meint, ist, dass, wenn die ITA zum zweiten Mal in elf Jahren ein Double-A absolvieren müsste, die Rückbesinnung auf ihr Prestige die Dinge in manchen Kreisen etwas trübe machen würde – nicht wahr?" Ein Hammer klopfte scharf. Stine warf einen kurzen Blick auf den Bereich, der den einheimischen politischen Vertretern der ITA auf der Erde vorbehalten war, und er sah, dass einer bereits auf den Beinen war und Anerkennung verlangte.

„Ich gebe dir so viel Zeit, wie du brauchst! Mach weiter!" Stine setzte sich, sein jugendlich aussehendes Gesicht war voller Anspannung.

„Ich möchte den Senator aus Penn-York daran erinnern, dass die ITA neben diesem Planeten noch etwa einhundertzwölf andere Welten zu betreuen hat! Und was sie betrifft, sind lästige Planeten besser dran, tot zu sein! Wenn

unsere Torsionsschirme nicht funktionsfähig wären." ; wenn es keine andere
Möglichkeit gäbe, den Planeten bis zum nächsten geplanten Besuch in neun
Jahren zusammenzuhalten, dann wäre vielleicht ein ESR angebracht. Aber
da es offensichtlich ist, dass der Schwerkraft-Justifikator dieses Systems nur
vorübergehend in Unordnung ist und war Entwickelt, um sich selbst zu
reparieren , kommt ein ESR für ein Doppel-A einfach nicht in Frage. Ich
wiederhole. Was die ITA betrifft, ein lästiger Planet –"

„Ja, und das ist nur der Würgegriff, den du auf all deinen hundertdreizehn
Welten hast!" Stine war aufgesprungen, und der Hammer des
Generalpräsidenten schlug heftig, aber er achtete überhaupt nicht darauf.
„‚Seid brav, Jungs, und tut, was wir euch sagen, und lasst uns in Ruhe,
während wir damit beschäftigt sind, Gott zu spielen, sonst lassen wir euch
zu Steinäxten und Höhlen zurückkehren‘ – das ist doch das, was Sie sagen
wollen, nicht wahr? ?" Der Hammer dröhnte ohrenbetäubend durch das
Rednerpultmikrofon des Generalpräsidenten, und der graue, kahlköpfige
Mann stand nun selbst auf. Doch plötzlich ertönten Stimmen und ein
vereinzelter Applaus im ganzen Saal, der schnell anschwoll und sogar Stines
eigene Stimme übertönte. Dann starb er langsam, damit seine Worte wieder
gehört werden konnten. „Gott zu spielen, könnte in Ordnung sein, wenn du
allen Menschen immer wieder beweisen kannst, dass du alle Antworten auf
alle Probleme hast! Antworten! Ich hoffe, der ITA-Vertreter versucht uns
nicht zu sagen, dass die Organisation, für die er arbeitet, nicht mehr in der
Lage ist, einen Gravity-Justifier zu reparieren, damit er die Planeten in ihren
Umlaufbahnen hält, wo sie hingehören! Oder habe ich recht? "

„Das ist eine absurde Anschuldigung und …" Der Hammer donnerte. „–
und ich fordere seine sofortige Rücknahme!"

„Freund, ich wurde genauso auf diesem Planeten geboren wie du, aber ich
arbeite dafür. Ich stehe nicht untätig daneben und sehe zu, wie er zerstört
wird, weil deine Freunde Angst haben, zuzugeben, dass sie vielleicht ein
wenig nachlässig sind und es nicht wollen." zu zeigen! Ich-" Tosender
Applaus. Die halbe Kammer war jetzt auf den Beinen, und selbst ohne die
Jeepmikrofone wäre der Jubel ohrenbetäubend gewesen. „Ich sage, Herr
Präsident, wenn wir glauben wollen, dass die ITA das ist, was sie zu sein
vorgibt – eine technologische Dienstleistungsorganisation, die sich dem
galaktischen Wohlergehen widmet –, dann muss sie sofort für ein Projekt
AA hinzugezogen werden, und wenn sie sich weigert, dann es wird von dieser
Regierung öffentlich als nicht länger kompetent in dieser Eigenschaft
angeprangert!"

Als Stine sich dieses Mal setzte, ließen die Ovationen, die seinen Worten
folgten, dem Vorstandsvorsitzenden keine andere Wahl.

Es wurde eine Abstimmung anberaumt, und Stine erkannte, dass seine mühsamen Wochen und Monate der Propaganda und Massenmissionierung endlich Fuß gefasst hatten.

Bergen im Norden ein gut ausgestatteter, leistungsstarker Raumkreuzer auf ihn wartete . Es war immer noch beruhigend zu wissen. Denn die Tinkers müssten jetzt kommen, und sei es nur, um ihr Gesicht zu wahren. Und natürlich wären sie nicht in der Lage zu liefern.

Und dann-

Er bewegte sich unruhig auf seinem Sitz, während die Abstimmung ausgezählt wurde, und wurde einmal fast von ihm geworfen, als ein heftiges Beben das massive Gebäude erschütterte; Aufgeregte Gruppen von Männern, die begonnen hatten, sich in den Gängen zu drängen, wurden verwirrt zu Boden geschleudert. Und Stine lächelte ein schmales, schmales Lächeln vor sich hin. Sogar die Natur hat ihren Teil dazu beigetragen.

Ein eiliger Pagenjunge strich im überfüllten Gang an seinem Schreibtisch vorbei und spürte plötzlich, wie etwas Kleines und Hartes in seine Handfläche gedrückt wurde. Er spürte, was es war, aber es musste warten, bis er gehen konnte.

Er musste nicht lange warten. Der Generalpräsident selbst verkündete das Ergebnis der Abstimmung, und innerhalb der nächsten halben Stunde würde ein ESR auf dem Weg zum nächsten Tinker-Schiff sein. Es gab ein paar Rufe: „Eisenbahn!" und „– eine Nachzählung fordern!" inmitten des lauten Geplappers der Schlusssitzung, aber Stine war bereits auf dem Weg.

Ein zweites Zittern zwang ihn am Hauptausgang der großen Kammer auf die Knie; Es stoppte die Obduktion und schickte die erhabene Schar hochrangiger Kongressabgeordneter selbst zu anderen Ausgängen, und Stines früher Abgang blieb unbemerkt, selbst von den wartenden Journalisten, die ihrerseits kurzerhand über die halbe Länge des breiten Ausgangskorridors verstreut worden waren.

Der Drucklift brachte ihn schnell zu seinen Kellerbüros.

Eine Platte glitt lautlos von seinem beeindruckenden marsianischen Drokii - Holzschreibtisch. Dann musste er nur noch die winzige Mikrofilmspule aus dem flachen, münzgroßen Behälter nehmen, den ihm der Page so sorgfältig geliefert hatte, und sie lange genug in den Kompaktprojektor einführen, um die codierten Symbole vollständig zu speichern.

Dann zerstörte er den Streifen und den Behälter zusammen.

Fast beiläufig nahm er das Komphon aus der Halterung, klatschte dabei aber einen winzigen Stift ab, der dafür sorgte, dass das Televideo leer blieb.

Er wählte und wartete.

„Newton? Für jede Aktion gibt es eine gleiche und entgegengesetzte Reaktion. Die Antwort ist ja.“

Er hat aufgelegt.

V

Saturn pulsierte blass in der Leere vor ihnen, als wäre er von einem Meisterkünstler dreidimensional gemalt worden. Kane zeigte durch die Duraglas- Kommandoblase auf das Spektakel. Ringplaneten waren selten, selbst in den weiten Weiten des Weltraums, die die ITA mit ihrer weit verstreuten Flotte beherrschte. Und im Windschatten des riesigen, gebänderten Planeten schwebte der größte seiner Satelliten, der durch die inzwischen vergessene Klugheit der Solmen längst bewohnbar gemacht wurde .

"Titan?" fragte Deanne.

„Das ist es“, sagte Jon.

„Darf ich Sie fragen, warum Sie sich dafür entschieden haben? Es scheint noch andere zu geben. Sogar Planeten in voller Größe.“ Sie stand jetzt nahe bei ihm und beobachtete die stille Schönheit der Weltraumlandschaft , als hätte sie für einen Moment alles andere vergessen. Jon sah sie an und fragte sich. Warum eigentlich war sie mit ihm gekommen?

„Vor den Kriegen“, begann er, „ machte Solmen diesen Satelliten zu ihrem ersten Umbauprojekt; er kämpfte darum, ihn von einem toten, gefrorenen Ödland in eine fruchtbare, lebenserhaltende Oase im Weltraum zu verwandeln. Damals, in den Tagen vor der Eliminierung der Wissenschaftler und dem Die Techniker schossen dort ab, wo sie standen. Damals, als Raumschiffe noch nicht einmal wie Raumschiffe aussahen – ungeschickte, dreikugelige Gebilde –, aber sie funktionierten. Ich glaube nicht, dass die auf Titan zurückgelassenen Solmen jemals ganz vergessen haben, wie es sich an diesem Tag anfühlte, als sie ihre letzte Verbindung hatten mit Sol III wurde abgetrennt; ihr letztes Schiff wurde von den Mobs zerstört, die vom Mutterplaneten kamen, trotz des schwachen Widerstands, den sie leisten konnten. Letzte Verbindung außer der ITA, aber natürlich wussten sie es nicht. Damals wäre ich sogar ein ITA gewesen. Eine Zeit lang war es ziemlich schwierig .

„Woher wissen Sie das alles? Nach dem, was im Geschichtsunterricht gelehrt wird –“ Sie ließ ihren Satz verstummen und sah ihm plötzlich direkt ins Gesicht. Und in ihren Augen leuchtete Verständnis auf. „Du bist also nicht

– kein unberechenbares, mutiertes Genie, wie B- Haaq meinem Onkel gesagt hat.“

„Kaum, Deanne, kaum. Du hast richtig geraten, denke ich. Ich habe einmal ein paar alte Bücher in die Hände bekommen. Das ist alles. In gewisser Weise weiß ich mehr, als die ITA in zweihundert Jahren vergessen hat. Und deshalb habe ich mich entschieden.“ Titan. Ich könnte mich natürlich irren. Aber von allen Orten, an denen der Groll auch nach so langer Zeit noch schwelen könnte, schien Titan der richtige Ort zu sein. Die Solmen dort wussten, was Wissenschaft und Technologie zum Wohle der Menschen bewirken konnten; sie wussten es am besten Vor allem, weil sie dazu beigetragen hatten, das Wunder zu vollbringen, aus einem Brocken sterilen Gesteins einen lebenden Planeten zu erschaffen. Und weil sie es getan hatten, wurden viele von ihnen abgeschlachtet, ebenso wie die anderen Techniker und Wissenschaftler in den dunklen Tagen nach dem Holocaust. Irgendwie habe ich Ich glaube nicht, dass sie es vergessen haben. Und deshalb denke ich, dass sie uns helfen werden.“

Schiffe landet , werden wir herzlich willkommen geheißen ! Warum würde die Zivilisation ohne uns –“

„Du vergisst, Deanne, dass die Techniker, die in den dunklen Tagen ihr Fell retten konnten und die später zur ITA wurden, wegliefen und einen überstürzten Rückzug antraten, einen strategischen Rückzug, wie auch immer du es nennen willst. Sie haben sich in eine ziemlich uneinnehmbare eigene Hülle zurückgezogen, aus der sie, wie ich hinzufügen möchte, noch nie versucht haben, herauszukommen. Die Space Tinkers, wie sie gelegentlich genannt werden …“

„Weltraumtüftler!“

„Sicher. Nachkommen von Waffenschmieden der Vergangenheit. Seien Sie froh, dass man Sie nicht als Zigeuner *bezeichnet* ! Kane grinste sie an und dachte flüchtig darüber nach, wie sehr dieser plötzliche Wutausbruch die Schönheit ihrer Patrizierzüge verstärkte. „Jedenfalls gab es für Tinker-Augen und -Ohren nie etwas anderes als Willkommen und Lob, wo auch immer sie gelandet sind. Nichts anderes, und auch sehr militant, das sage ich Ihnen. Niemand möchte sterben, wenn Tinker-Medizin sie retten kann, zu gefrieren, wenn Tinker die Heizungsanlagen repariert hat, kann sie im Winter warm halten. Aber darunter – darunter ist die Macht, die die ITA über den Lebensunterhalt der Zivilisation ausübt, ziemlich schmerzhaft zu spüren.“

„Aber – aber wir sind keine Diktatoren, Kane! Das ist eine Lüge! Wir haben nie einen Vorteil daraus gezogen –“

„Das stimmt, und das ist alles auf der positiven Seite. Ich glaube nicht, dass die ITA jemals ein anderes Motiv hatte, als sich selbst zu schützen.

Sicherzustellen, dass sie nie wieder so kurz vor der Ausrottung leiden würde wie ihre Vorfahren. Aber indem sie es tat Sehen Sie, sie mussten sich eine ziemlich beherrschende Stellung erarbeiten. Und sie haben es geschafft. Sie haben allen Planeten technisches Lernen und Training verweigert, unter Androhung des Verlusts des sehr notwendigen regelmäßigen technischen Dienstes, auf dem die Planeten sind darauf angewiesen, die Annehmlichkeiten eines zivilisierten Lebens zu bewahren –"

„Das ist mir alles klar. Wo wären schließlich irgendwelche Planeten, wenn die Gravity-Justifier schließlich aus Mangel an ordnungsgemäßer Wartung den Geist aufgeben würden? Zumindest die Geschichte, die mir beigebracht wurde, besagt, dass es während der Kriege zu Planetesimalen und sogar ganzen Planeten kam wurden vernichtet, um das Gravitationsgleichgewicht eines Systems so stark zu stören, dass die daraus resultierenden Umwälzungen den Tod aller Lebewesen in diesem System bedeuten würden. Aber es gab einige Techniker –"

„Wissenschaftler, Deanne."

„Nun, was auch immer sie waren, die in der Lage waren, Mechanismen zu entwickeln, um in eigenen Umlaufbahnen zu schweben und den Weltraum so zu verzerren, dass ein künstliches Gleichgewicht geschaffen wurde. Diese Geejays retteten Milliarden von Leben, und nach der blutigen Reaktion der Kriege und … Die Männer, die sie erfunden hatten, wurden getötet. Wer sonst blieb übrig, um sie funktionstüchtig zu halten? Ich glaube, die Leute würden …"

„Der ITA danken?"

„Na ja, natürlich." Ihr Gesicht hatte einen trotzigen Ausdruck, aber Jon Kane grinste. Saturn drängte sich jetzt weit auf ihre Steuerbordseite, und die Schiffsautomatik brachte sie tot auf die Titan. Der Planetoid wurde von Minute zu Minute sichtbar größer, und der andere Ring seines Primärplaneten warf einen seltsamen, vielfarbigen Schatten auf das Innere des Raumschiffs .

„Wenn Sie da draußen in einem Anzug wären und jemand anders Ihre Sauerstoffflasche halten und kontrollieren würde, wie viel Luft Sie haben könnten, was würden Sie dann für ihn empfinden? Würden Sie sich am liebsten bei ihm dafür bedanken, dass er Ihnen Luft zum Atmen gegeben hat?"

„Nun, ich-"

„Du würdest ein verdammt genaues Auge auf ihn haben. Und wenn er anfangen würde, dir zu sagen, was du tun sollst und wann du es tun sollst, sonst würde er dich ersticken, würdest du anfangen, seine Eingeweide zu hassen, selbst wenn er sich wie der Geist Christi benehmen würde." Sich selbst!"

„Wer hat Ihnen das alles beigebracht, Master Kane? Wer ist dieser Christus?"

„Schau, Deanne, ein erwachsener Mann sollte in der Lage sein, selbstständig zu denken! Aber bevor du mich wieder wütend machst, beantworte einfach die Frage über den Kerl, der deine Sauerstoffflasche hält – angenommen, er hätte nach und nach irgendwie vergessen, wie das geht „Ich habe das Ventil betätigt – und mir ist klar geworden, dass es eine Chance gibt, dass du davon erfährst? Er würde doch nicht mehr auf dem Pilotensitz sitzen, oder?"

„Er wäre nicht in der Lage, mich zum Schweigen zu bringen, wenn du das meinst", sagte sie schnell und schloss sich nun seiner Analogie an. „Aber er würde mir auch nicht so schnell mehr Luft verschaffen können, wenn ich sie brauchte!"

„Und was passiert dann?"

Das Gesicht des Mädchens war plötzlich grimmig. Kane konnte sehen, dass sie lange nachdachte, und zwar angestrengt. Und dann sagte sie schließlich: „Kommen Sie da ins Spiel?"

„Wenn ich dir deine Luftflasche zurückgeben kann, dann schätze ich, dass das der Fall ist."

„Und wenn du es nicht kannst?"

„Dann fürchte ich, dass derjenige, der es in der Hand hat, die schlimmsten Probleme hat", antwortete Jon.

Und dann wandte er sich von ihr ab, setzte sich wieder vor die Kontrolltafeln und schaltete die Automatik aus.

Innerhalb weniger Minuten hatte er den Tender angesteuert und kletterte mit seinem Jet zu einem der größten Raumhäfen von Titan.

Es war immer noch ein heller Planet und seine künstliche Atmosphäre, Inseln und großen Seen waren so, wie sein Vater sie beschrieben hatte. Titan war tatsächlich eine Oase in der grausamen Kälte der Leere.

Er landete mit dem Tender, kaum dass es einen Stoß gab, und dann öffneten er und Deanne wortlos die Schlösser des kleinen Bootes und traten auf die Rollbahn, um den Landungstrupp zu begrüßen, der für den Empfang alarmiert worden war.

Zwei große, verhüllte Männer traten vor.

„Jon Kane und Deanne Starn ?"

„Grüße –", begann Kane.

„Du wirst mit uns kommen", sagte einer von ihnen. Sein kurzer roter Bart schien im sonnenähnlichen Atmosphärenlicht zu glitzern. "Du bist verhaftet!"

Die kleine, klimatisierte Zelle war zumindest sauber und weit entfernt von denen auf Procyon V. Es gab sogar ein niedriges Tablet, auf dem man liegen konnte, und Jon breitete sich darauf aus. Er wünschte sich vage, sie hätten ihn nicht von dem Mädchen getrennt. Sie war ein hübsches Ding – und hatte Köpfchen. Zu zweit hätten sie vielleicht einen Ausweg gefunden, aber alleine war es, als würde man mit dem Kopf gegen eine Karbonitwand schlagen.

Er hatte sich in Bezug auf die Solmen auf Titan so sehr geirrt, wie es nur sein konnte. Die Sicherheitspolizei, die sie gebucht und hierher gebracht hatte, hatte nicht viel gesagt, aber es brauchte wenig Geheimdienstinformationen, um zu dem Schluss zu kommen, dass das Tinker-Flaggschiff, nachdem es herausgefunden hatte, dass das Tenderboot nicht überholt werden durfte, einfach eine Rundummeldung gesendet hatte Bekanntmachung. Es wäre ein Narr gewesen, ihn auf einem normalen Raumhafen abzusetzen. Er war einfach direkt hineingelaufen. Und jetzt musste man nur noch darauf warten, dass entweder ein weiterer Tender oder das Flaggschiff selbst kam und sie abholte. Er war sich nicht sicher, was mit Deanne passieren würde, aber für ihn selbst sicher eine Mordanklage.

Das war der Grund für die Zelle, der sie ihn zugewiesen hatten. Es unterschied sich in mehr als einer Hinsicht von den Proky- Gefängnissen. so ausbruchsicher wie das Grab selbst. Kane hatte sogar das Gefühl, dass die Zelle ihn beobachtete.

Er rollte sich auf den Rücken und untersuchte mit den Augen die nietenlose Stahldecke. Und alle Wände und der Boden waren gleich, bis auf die winzigen Lüftungsschlitze am anderen Rand der Decke zur Luftzirkulation und die fast mikroskopisch feinen Linien in der nahen Wand, die die fußdicke Zellentür umrissen.

Er betrachtete noch einmal die Wände, die Decke und den Boden, und die einzige Öffnung war der Luftkanal, der viel zu klein war, als dass ein Mann hindurchkriechen könnte, selbst ohne seine solide aussehenden Luftschlitze.

Plötzlich erinnerte sich Kane an die List, die er an Bord des Flaggschiffs angewendet hatte. Sofort war er auf den Beinen. Er schleppte die Palette unter die kleine Gitterstelle in der Decke, und als er darauf stand, war er kaum in der Lage, die Lamellen zu berühren. Die Solmen von Titan wurden größer als die von Terra. Er hatte sich bis zur Taille ausgezogen und den festen Stoff seiner Cadtech- Tunika zu einem festen Bündel zusammengefaltet. Dann drückte er es mit aller Kraft seiner Finger gegen den Lüftungsschlitz, bis seine Arme schmerzten!

In der Kabine wurde es stickig, und der Schweiß lief ihm wahnsinnig über die entblößten Rippen.

Er entspannte die Muskeln seiner Arme, als ein schwacher Luftzug über seinen Rücken strich. Die Tür öffnete sich lautlos hinter ihm!

Er war fast fertig, bevor die wattierte Tunika, die er fallen gelassen hatte, hinter ihm auf den Boden fiel.

Er bewegte sich mit aller Kraft, die in ihm steckte, den langen, breiten Korridor entlang.

Aber es gab keine Wachen. Eigenartig.

Plötzlich erschütterte eine seltsame Vibration den Flurboden. Wahrscheinlich etwas im künstlichen Schwerkraftgleichrichter des Planetoiden, um das man sich kümmern musste. Herr, wenn die ITA sich um den Gleichrichter kümmern würde wie um den Alarm der Klimaanlage, würden bald alle in der normalen, unangenehm leichten Gravitation des winzigen Planetoiden zappeln. Ein Mann hätte Glück, wenn er vierzig Pfund wiegen würde!

Der Korridor bebte erneut, dieses Mal heftiger; Es brachte ihn für einen Moment aus dem Gleichgewicht, und er konnte es nicht wiedergewinnen, bevor der nächste Treffer ihn zu Boden schleuderte.

Er kämpfte sich auf die Knie, und über ihm war ein schreckliches, zerreißendes Geräusch zu hören. Er schaute auf. Ein gezackter Riss spaltete den Korridor, während er zusah! Eine Art Beben.

Er hielt einen Moment inne, holte Luft und versuchte nachzudenken. Und dann war plötzlich das Geräusch rennender Füße und die Stimme eines Wachkommandanten zu hören, die als hallendes Echo die glatten Seiten des Korridors entlang hallte.

„ Bemannen Sie die Kontrolltafeln. Lassen Sie sie raus!“

Auf jeder Seite von ihm öffneten sich Türen; einige waren bereits angeschnallt und nur teilweise geöffnet, aber die Männer drinnen stiegen aus, und innerhalb von Sekunden war der Korridor voller rennender, heulender Menschen aus jeder Kolonie im System.

Jon hätte beinahe einen Wachmann umgehauen. Er packte den Mann an der Schulter und grub seine Daumen in die schmerzenden Stellen.

„Reden Sie! Was zum Teufel ist da los?"

„Lauf, du Narr! Lass los! Die Ringe kommen auf uns zu! Der ganze verdammte Planetoid beginnt auseinanderzubrechen! Au – verdammt! Es ist der Geejay . Die Erde fährt jetzt schon seit über einer Stunde zur Hölle!"

„Und sie haben es hier ohne Vorwarnung einschlagen lassen? ANTWORTET MIR!"

„Bist du verrückt? Warpstrahlen sind nur für die ITA. Wir haben nur altmodisches Radio, und es dauert achtzig Minuten –"

"Danke!" Jon ließ den verzweifelten Mann los, stieß ihn beiseite und kämpfte sich zurück in den überfüllten Korridor.

Er musste das Gebäude verlassen, war aber in dieser verrückten Menge gefangen.

Ein weiteres Beben, dieses schlimmer als alle anderen, versetzte den verstopften Korridor in einen Strudel aus tretender, kratzender Verwirrung. Und Jon war der Erste, der sah, wie die kleine Tafel, auf der jetzt NOTAUSGANG blinkte, langsam und widerwillig gegen einen gebogenen Rahmen zurückglitt.

Er hatte es zuerst durch. Er brach in einen offenen Gefängnishof ein, wo die gedrungene, stromlinienförmige Form eines Jetgiro geparkt war. Verrückte Sache, der Jetgiro steht so in einem Gefängnishof, als würde er nur darauf warten, dass jemand durch den Notausgang kommt. Er rannte darauf los. Ich musste mich beeilen – die anderen waren nicht weit zurück, und wenn sie aufholten, würde er das Ding nie in die Luft bringen. Sie würden ihn festnageln.

Er warf einen kurzen Blick in den Himmel und sah, dass er in Flammen stand. Selbst in der Helligkeit des künstlichen Tageslichts der Titanen flammten die umherfliegenden Partikel der gestörten Ringe blendend auf. Saturn selbst füllte den halben Himmel aus, und selbst für das bloße Auge flackerten die großen Ringe an den Rändern gefährlich auf.

Er gelangte hinter die Kontrolle des Girokontos , gerade als die Menge durch den Ausgang eindrang.

Er betete, dass die Motoren nicht zu kalt waren, und selbst als der Durasteinboden des Hofes unter ihm heftig platzte und ein Dutzend Männer verschluckte, drückte er auf den Hebeknopf, und das kleine Fahrzeug stieg schwer in die Luft.

Kalt natürlich. Nein ... Motorwärme fast normal. Dann-

„Entschuldigung, Meister Kane."

Und das war alles, was er hörte. Es gab einen schrecklichen, plötzlichen Schmerz in seinem Kopf und dann fühlte er nichts anderes mehr.

VI

Deanne sah zu spät, dass auf der Tafel NOTAUSGANG blinkte, und ihr kurzes Zögern am Querkorridor bedeutete ein abruptes Ende ihres verzweifelten Versuchs. Der einsame Wächter, der sie sonst nie gesehen hätte, hob seinen Springbogen mit einem Ausdruck benommenen Erstaunens auf seinen bärtigen Gesichtszügen, und sie erstarrte.

„Nicht – bitte!“

„Wie bist du entkommen?“ Er kam näher, der Springbogen war gespannt.

„Meine – meine Zellentür. Aus irgendeinem Grund ließ sie sich nicht richtig schließen und ich – ich –“

„Das ist in der Tat eine wahrscheinliche Geschichte, hübsch! Aus diesem Gefängnis ist es nicht so einfach, zu entkommen! Du kommst mit mir ... komm schon!“

Sein Befehl endete mit einem scharfen Schrei der Überraschung. Der Springbogen fiel ihm klirrend aus der Hand, als der Korridor plötzlich wild hin und her schwankte und Deanne spürte, wie sie körperlich gegen die Ausgangstür geschleudert wurde!

Bei ihrer Berührung glitt es zurück, und sie hatte es durch und wurde dann kopfüber geschleudert, als ein zweites Zittern sie von den Füßen riss. Die ganze Welt schien sich um sie herum aufzulösen.

Irgendwie fand sie Kraft und rannte weiter, wobei sie vergeblich versuchte, das Gleichgewicht zu halten und den schwankenden Flurboden unter ihren Füßen zu halten. Und dann rannte er auf sie zu – Gott, noch ein Wächter –

NEIN! Nein, es war keine Wache! *Und es konnte nicht sein –*

Er fing sie auf und hielt sie wortlos fest.

„B- Haaq ! B- Haaq – wie –“

„ Majtech B- Haaq von nun an an dich! Ich bin gerade auf dem Weg zu deiner Zelle, um dich dorthin zurückzubringen, wo du hingehörst! Und dieser Emporkömmling Kane! Nur das könnte mir die Mühe ersparen –“

Er zerrte sie grob hinter sich her auf die offene Rampe, die sanft in die breiten Parkflächen abfiel. Die Rampe bebte und bockte unter ihnen, aber sie konnte irgendwie verhindern, dass sie herunterfiel.

„Ich – ich dachte, du – Kane –"

„Sie dachten, er hätte mich getötet, nicht wahr? Er war nah genug dran, und er wird dafür bezahlen! Kommen Sie mit …"

Sie überquerten die Höfe im Halblauf.

B- Haaq zog sie auf der Flossenstufe hoch, und dann öffnete sich die äußere Schleuse und sie waren drinnen.

Das kleine Raumschiff schwankte auf seinen Halterungen fürchterlich.

B- Haaq bellte seinen wartenden Piloten an. „Up-Schiff, du Narr! Willst du, dass wir zerstört werden, bevor wir überhaupt unterwegs sind?"

Arbeitstechniker mit grimmigem Gesicht schlug auf die Stollen ein, fast bevor Deanne sich auf einem Rücksitz gesichert hatte , und dann sprang der Tender mit einer gefährlichen Überladung an Kraft aus dem zitternden Planetoiden.

„B- Haaq – bei Pluto, was ist los?"

„Haben Sie noch nicht gelernt, wie es ist, wenn ein Geejay kaputt geht? Sol III nimmt das seit über einer Stunde in Kauf. Zum Glück für Sie wirkt sich das planetare Ungleichgewicht nicht auf alle Körper in einem System gleichzeitig aus, oder auf das Stück Stein da hinten würde inzwischen in Trümmern liegen …"

„Gibt es schon ein Projekt AA?"

„ Natürlich gibt es das. Das Flaggschiff erhielt von Sol III einen Warp-Beam-ESR, und natürlich haben wir eine Crew entsandt, die sich sofort um diese Belästigungen kümmert. Schließlich ist es eine unserer Pflichten …"

Das Mädchen löste die Gurte ihres Rücksitzes und setzte sich aufrecht hin. „Du meinst, sie mussten *anrufen* ?"

„Was erwarten Sie, dass wir all diese abgelegenen Planeten ständig im Auge behalten –"

„Gemäß den Vorschriften –"

„Du weißt viel über die Vorschriften, junge Frau! Ist dir klar, was der Vorwurf gegen dich ist? Und dass das Leben zweier Männer riskiert wurde, um dich in einem Stück zurückzubringen?"

der Geejay dieses Systems erst vor elf Perioden gewartet wurde und mindestens für …"

„Das reicht, sonst droht dir mehr als nur ein Rangverlust!"

Sie wurde rot. „Was ist mit dem Mann Kane?" Sie fragte.

„Er hat Glück", antwortete B- Haaq und grinste langsam. „Er wird dort unten getötet werden, bevor sie den Doppel-A-Job beenden."

Im Schiff ertönte ein Alarm, und das Schiff drehte mit seiner Automatik scharf um und wich den rasenden Trümmermassen aus, die immer noch vom äußeren Ring des Saturn in den Weltraum geschleudert wurden. Es vergingen Minuten, bis sich der Arbeitstechniker an den Kontrollen entspannen und Kurs auf den drohenden Koloss nehmen konnte, der Direktor Gentech war. Sein Gesicht war von der Anspannung, die er auf das erste Anzeichen eines Versagens der Automatik lauerte, völlig blass geworden Starns Flaggschiff treibt langsam am Rand des Systems entlang.

<hr>

Deanne blieb auf dem Laufsteg stehen und verschmolz mit den Schatten. Sie hatte nichts gehört. Sie kannte jeden Zentimeter des großen Flaggschiffs, so wie sie die begrenzten Ausmaße ihrer eigenen Quartiere kannte; kannte die Hauptverkehrskorridore und die Stunden jedes Zyklus, in dem der Verkehr seinen Höhepunkt und seinen Rückgang erreichte. Und sie kannte auch das verwirrende Netz der Wartungsstege.

Ihr Befehl hatte gelautet: „In ihrem Quartier eingesperrt, bis die folgenden Anklagepunkte geklärt sind ...", aber ihr Abteilungskommandeur wusste nichts von Männern wie Kane, wusste nichts von dem Feuer, das die Seele eines Mannes berühren und die Rebellion entfachen konnte, die jetzt so hell in ihrer eigenen loderte . Die Wahrscheinlichkeit, dass Coltech Q- Jaax überhaupt auf die Idee kommen würde , dass sie irgendwo anders als in ihrem Quartier sein könnte, war gering. Auf jeden Fall war das ihr Wagnis, und es war weitaus weniger verzweifelt als das, was Kane für das gehalten hatte, woran er geglaubt hatte.

Der Konferenzraum ragte unter ihr in der Düsternis des höhlenartigen Mittelteils des Schiffs auf, und es würde nicht schwer sein, eine der vielen Druckleitungen zu finden. Aber sie müsste ein kleines Übergangsstück entfernen, und – nein! Was hätte Kane getan – einfach eine einzelne, strategische Maschinenschraube herausziehen und das Teil zur Seite *schwenken !* Es würde Minuten sparen. Die Männer unten zu hören wäre dann so einfach, als ob sie mit ihnen in der Kammer stünde.

Und sie muss hören, muss wissen, was sie geplant haben. So dass Jon es irgendwie wissen könnte, wenn er noch am Leben wäre.

Innerhalb von Sekunden hatte sie sich von dem schmalen Gang gelöst und ließ sich lautlos auf die weite Metalldecke der Kammer fallen. Sie schätzte schnell die Fläche ab, unter der der Hauptratstisch lag, und suchte dann nach dem Kanal, der dieser Stelle am nächsten lag. Nur noch wenige Sekunden später lag sie bäuchlings im tiefen Schatten und konnte hören.

„– und um es ganz offen zu sagen, ich mache mir wirklich Sorgen …“ Es war ihr Onkel. „Das außergewöhnliche Verhalten meiner Nichte kann später besprochen werden, meine Herren. Im Moment ist diese Angelegenheit der Schwerkraftjustifizierer von größter Bedeutung. Zunächst einmal, Captech D-Yun, warum wurde ich nicht sofort über die gefährliche Schwierigkeit im Sonnensystem informiert? Diese Menschen sind für ihr Leben auf uns angewiesen! Nun?“

„Es gibt keine Entschuldigung, Sire.“

„Ja, ich glaube, das gibt es vielleicht! Wenn schon keine Entschuldigung, dann zumindest Vernunft! Wenn ich mich richtig erinnere, sind kaum elf Perioden vergangen, seit der Sol Gravity-Justifier das letzte Mal gewartet wurde, ein Stück Arbeit, meine Herren, Das galt in der Vergangenheit für mindestens fünfzig! Sollte ich vielleicht nicht wissen, dass die Arbeit, die vor elf Jahren durchgeführt wurde, ein Misserfolg war?“

Eine kurze Pause. Und dann: „Auf keinen Fall, Sire“, in einem sanften Tonfall von D-Yun. „Aber diese Leute waren so – nun ja, lästig. Wir haben ihnen so viel mehr als ihren Anteil an Diensten geleistet, dass irgendeine Art von Sabotage natürlich naheliegend war. Wir waren im Prozess der analytischen Untersuchung –“

„Davon will ich nichts haben, von keinem von euch! In der Tat Sabotage. Nun, es ist aktenkundig, dass Sol nicht das einzige System ist, in dem der Zusammenbruch weit über die geplante Toleranz hinaus eingetreten ist! Ja, das weiß ich, Auch, meine Herren! Es gibt noch etwas anderes, was ich auch weiß. Ich weiß, dass es keine Sabotage gibt. Ich weiß, dass mein persönlicher Stab von Copytechs eine ganze Zeit lang überarbeitet war, um die Völker von über zwanzig verschiedenen Sternensystemen unvorbereitet zu halten der großen technischen Schwierigkeiten, die bei den anderen immer häufiger auftraten! Ich weiß, dass Propaganda statt technischem Können das Ansehen der Allianz gewahrt hat! Die Schuld kann nicht den Saboteuren von Captech D-Yun zugeschrieben werden! Das muss es sein werden direkt vor unserer eigenen Haustür liegen, meine Herren! Aus irgendeinem Grund, den ich gerne wissen würde, konnten wir einfach nicht mithalten. Wir sind nicht die Techniker, die unsere Väter waren, und eine sorgfältige Untersuchung wird zeigen, dass sie keine Techniker waren um es mit ihren Vätern aufzunehmen, noch sind sie ihre Väter vor ihnen! Langsam aber zu sicher verlieren wir etwas! Warum?"

Deanne atmete flach und bemühte sich, jedes Wort zu verstehen.

„Vielleicht, Sire, könnte die Effizienz unseres Rekrutierungssystems für Cad-Techniker verbessert werden. Obwohl ich zugeben muss, dass die Planeten keine Jugendlichen von dem Kaliber von –" hervorgebracht haben

„Bah! Wenn überhaupt, werden sie immer schlagfertiger! Und wir hatten unter einundzwanzig Sternensystemen in zwei Galaxien kaum Probleme, die erforderliche periodische Quote zu erreichen! Doch unsere neuen Schiffe sind nicht so gut ! Unsere Zahl nimmt zu, aber das ist alles! Und bloße Zahl allein ist wertlos!"

Eine andere Stimme antwortete, aber sie konnte sie nicht identifizieren. „Das könnte auf die schlechtere Qualität der Rohstoffe zurückzuführen sein, Sire, die die Planeten gesetzlich verpflichtet sind, uns in den geplanten Abständen als Gegenleistung für unsere Dienste zu liefern –"

„Das ist Starwash , und das wissen Sie! Wenn überhaupt, hat sich die Qualität seit der Entdeckung neuer Bergbauplaneten verbessert. Ich kann immer noch Aufzeichnungen lesen, junger Mann! Vielleicht kennen Sie den Direktor, den Sie zu täuschen versuchen, nicht vollständig !"

„Wenn ich kurz auf die Frage der Sabotage zurückkommen dürfte, Sire …" Ein merkwürdiger Schauer lief über Deannes schlanken Rücken. Da sprach B- Haaq . „Ich schlage vor, dass Captech D-Yun in diesem speziellen Fall durchaus Recht haben könnte. Ich spreche im Lichte des Abtrünnigen Cadtech Kane. Vor seiner Gefangennahme auf Titan lässt sich kaum sagen, wie weit er aus Rache gegangen sein könnte. Sire. Als Cadtech der vierten Periode kannte er die Geejay -Koordinaten für mindestens zwölf Systeme, und er wusste auch, wovon die Macht der ITA abhängt – technische Effizienz. Wenn dies durch solche Sabotage eklatant falsch dargestellt würde, wären das Prestige und das Prestige der ITA entscheidend Natürlich würde die Macht darunter leiden und Kanes Rachedurst gestillt. Ich denke, es ist vielleicht von größter Bedeutung, dass wir herausfinden, wo er als nächstes zuschlagen könnte! Wenn er also den Zerfall von Titan überlebt hat."

Ein Murmeln erklang, wurde lauter und Deanne spürte, wie sie den Atem anhielt. Dann war da wieder die Stimme ihres Onkels –

„Sie verwenden das Wort ‚Macht' seltsamerweise, Majtech ."

„Überhaupt nicht seltsam, Sire! Unsere technische Exzellenz hat alle Planeten vollständig von uns abhängig gemacht! Sie mögen sagen, dass wir nicht nach Rache streben, sondern nur nach Sicherheit. Sie mögen sagen, wenn wir Macht und Ansehen haben, dann ist es das auch nur zum Selbstschutz , damit sich das, was unseren Vorfahren vor Jahrhunderten widerfahren ist, nie wieder wiederholen kann. All diese Dinge sind wahr. Aber es ist auch wahr, dass Macht Macht ist. Wir haben sie, denn zwei Galaxien sind für immer von uns abhängig Das Leben ihrer Zivilisationen!

Es ist Kane, der es bedrohen würde! Es aufzugeben oder zuzulassen, dass es uns so leicht genommen wird, bedeutet, uns zu den Narren zu machen, für die Kane uns so selbstbewusst hält! Jahrhunderte der Arbeit und des Fortschritts Bleiben Sie auf dem Spiel, meine Herren! Wenn dieser Kane dem Titan entkommen ist, müssen wir ihn finden! Und wenn nicht, müssen wir sein Werk zunichte machen! Kurz gesagt, wir müssen diesen Planeten zuerst zeigen, wer die Peitschenhand in der Hand hält. zuletzt und immer!"

Es gab einen Moment der Stille. Dann erklang plötzlich ein anschwellender Strom anstimmender Stimmen, und es gab vereinzelten Applaus. Und es wurde nicht sofort still, als der Direktor Gentech sprach.

Majtech B- Haaq gerade geäußert hat , völlig missbillige , und ich bin sicher, dass Sie bei einer kurzen Selbstprüfung genauso denken werden wie ich. Ich habe oft darüber nachgedacht Mann Kane, und habe mich ebenso oft gefragt, wie nah er an vielen Wahrheiten gewesen sein mag, die wir entweder übersehen oder vergessen haben! Allerdings werde ich aus Fairness gegenüber dem Majtech zur Abstimmung aufrufen. Diejenigen, die für die Vorschläge des Majtech zur Durchkämmung sind Sol-System für Cadtech Kane, und um das Prestige der ITA zu behaupten, wird mit „Ja" gestimmt. Diejenigen, die dagegen sind, werden leere Stimmzettel abgeben."

Dann herrschte Stille, und Deanne zählte ihre Herzschläge und dachte, sie müssten jetzt sicherlich laut genug sein, um über die gesamte Länge und Breite des Schiffes gehört zu werden.

„… die Stimmzettel sind ausgezählt, meine Herren …" Die tiefe Stimme war langsam und bedächtig wie immer – und doch schien sie jetzt irgendwie zu langsam, zu tief. „ Die Vorschläge von Majtech B- Haaq werden mit einer Mehrheit von einer Stimme angenommen. Wir werden daher sofort mit unserer Suche beginnen und darauf vertrauen, dass auch ich mit meiner Einschätzung unserer derzeitigen technologischen Effizienz falsch lag. Diese Sitzung ist jetzt vertagt."

Direktor Gentech Starn hatte die erste Aufhebung seiner langen Karriere erlitten.

<hr>

VII

Sein Gesicht spürte ein hartes, stechendes Gefühl. Sie durchdrangen die Unendlichkeit der Dunkelheit, bis sie irgendwo darin seine nackten Nerven berührten und die Dunkelheit langsam zurücktrat und zu einem blendenden Licht wurde.

Über ihm stand eine Gestalt in einem Raumanzug, die in einer Hand die schlaffe Gestalt eines leeren Anzugs und in der anderen eine Handwaffe hielt, und die Waffe war mit dem Kolben voran auf ihn gerichtet!

Er konnte das harte, käferbraune Gesicht hinter dem versiegelten Gesichtsteil des Helms sehen. Der Mund bewegte sich schnell, aber er konnte nichts hören.

Jons Kopf tat weh und der Schmerz breitete sich in seinem ganzen Körper aus, als er sich bewegte, um seine Füße unter sich zu bekommen, und aufstand. Unterbewusst wusste er, dass er sich an Bord eines Raumschiffs befand; Da war die subtile, kräuselnde Vibration, die jedem Mann mit Raumbeinen so vertraut ist, und da war der Geruch aufgepumpter Atmosphäre und das seltsame Gefühl künstlicher Schwerkraft.

Er versuchte zu denken, während er den Anzug nahm, den ihm der Mann, der ihn wieder zu Bewusstsein gebracht hatte, in die Arme geschoben hatte, und benommen begann, hineinzuklettern. Ein Anzug in einem Schiff, in dem die Atmosphäre vollkommen atmungsaktiv war? Ein *Schiff*! Basteln? Nein – kein ITA-Flugzeug, auch nicht das neueste, hatte so dick aussehende Schotte oder war mit Anzügen von so eigenartigem Design ausgestattet – es war schwierig, in das Ding hineinzukommen, nichts war an der richtigen Stelle. Aber wenn nicht ein ITA-Fahrzeug, dann – aber das war nicht möglich!

Kaum hatte er den Helm angepasst, knisterten die Funktelefone darin.

„Schnapp es, lass die Frontplatte versiegeln! Hier, vielleicht brauchst du das …" Er hatte sich um die Frontplatte gekümmert und nun wurde die seltsam geformte Handwaffe in seine rechte Hand geschoben.

"Was-"

„Da sind ein halbes Hundert Bastler unterwegs, die an einem Projekt AA herumfummeln. Die Lage auf den Planeten lässt nach, aber sie haben das verdammte Ding immer noch nicht so repariert, wie es sein sollte … haben uns aber gefunden …"

"Uns?" Seine Zunge war immer noch dick in seinem Mund und es war schwierig zu sprechen oder auch nur an Worte zu denken, die er sagen konnte.

„Von uns erfährst du später. Aber in etwa einer Minute werden sie in Reichweite sein, und ihre Weltraumkanonen werden mit aller Kraft auf uns losgehen. Sie wären tote Enten, wenn." Dieser Eimer war so ausgestattet, wie er sein sollte …" Der Mann fluchte. „...aber es gibt noch nicht genug E-Blaster oder I-Drives, und deshalb werden wir in kürzerer Zeit ein großes Sieb sein, als nötig ist, um es zu sagen. Ich nehme an, das ist es nicht. " deine Schuld-"

„Meine Schuld? Das Letzte, was ich wusste –"

„Tut mir leid, wenn ich Sie zu hart verprügelt habe, aber der Chef hat gesagt, Sie sollen sicher sein. Seien Sie sicher, sagt er und schickt uns in einen der ersten Panzer, die wir gebaut haben, statt in einen der neuen Jobs! Manchmal muss ich –"

„Kein Fluchtfahrzeug ? Nein –"

„Willst du Witze machen? Wir sitzen hier und nehmen es mit! Wir könnten zu den Häfen fliegen, aber die Energiepakete in diesen Anzügen sind ihren Weltraumbooten nicht gewachsen. Sie würden uns sicher abholen. Ich würde zehn Jahre alt sein Mal zuerst!"

Jon versuchte, die Informationen zu verarbeiten, versuchte alles in sich aufzunehmen, während er darum kämpfte, sein volles Bewusstsein wiederzugewinnen.

„Macht es dir etwas aus, mir zu sagen, wo wir sind? Wohin gehen wir? Warum zum Teufel wurde ich nach Shanghai gebracht?"

„Im Moment etwa zwei sphärische Punkte nordnordwestlich des Jupiter, minus etwa zwölf Punkte zur Ekliptik. Wohin wir gehen , werden Sie herausfinden, wenn wir das überstehen. Und Sie wurden nicht shanghaied. Nicht den ganzen Weg, Wie auch immer. Du hast doch nicht gedacht, dass die Alarmanlage von alleine still blieb, oder? Oder dass der Jetgiro von selbst dorthin geflogen ist, wo du ihn gefunden hast? Der Boss wird immer noch sauer sein. Wir sollten das Netz über zwei von ihnen legen Du-"

Es *war* also zu einfach gewesen! Natürlich hatte man nicht mit dem Erdbeben gerechnet und das hatte den Plan durchkreuzt, aber zumindest hatte es einen Plan gegeben, und das bedeutete, dass es jemanden gab, der ihn von der ITA fernhalten wollte.

„Du warst noch keine fünf Minuten auf Titan, bevor wir es wussten."

„Aber was ist mit dem Mädchen? Der Lenantech wurde mit mir verhaftet?" Plötzlich zerfraß etwas Kaltes in ihm, und die Erinnerung an die schrecklichen Beben kam ihm plötzlich wieder in den Sinn, und er konnte sich Deanne vorstellen, wie sie leblos irgendwo lag.

„Ich weiß nicht. So wie es war, hätten wir dich fast übersehen, nachdem das Beben begonnen hatte. Für sie gingen die Pläne völlig durcheinander. Aber keine verdammt dummen Fragen mehr. Ich sollte dich orientieren, bevor sie den Überblick hatten." uns und du hast alles, außer –"

Es gab einen plötzlichen Ruck, und Jon wurde zu Boden geschleudert, plötzlich wie von einer riesigen Hand hochgehoben und in Richtung einer selbstdichtenden Luke geschleudert, die sich genau in dem Moment schloss, in dem er heftig dagegen prallte. Die Kammer war jetzt nahezu luftleer. Sie waren von einer Tinker-Rakete getroffen worden, und irgendwo in der Schiffshaut klaffte ein klaffendes, ausgefranstes Loch.

Er kämpfte sich hoch. Dann sah er den anderen Mann regungslos zusammengesunken auf dem Deck liegen. Ein gezacktes Metallfragment steckte in seiner Brust. Es gab einen weiteren ekelerregenden Ruck und noch einen. Sie wurden mit allem überhäuft, was das Tinker-Schiff hatte.

Aber irgendwie gelangte er an die Seite des Verwundeten. Die harten Augen öffneten sich nur für einen Moment und die Lippen bewegten sich. Die Geräusche, die sie machten, waren nur ein Flüstern in seinen Kopfhörern.

„Sechs ... neun-X. Punkt ... ach eins-Y. Acht sechs. Z-"

Und dann öffneten sich die Augen weit und die Lippen schlossen sich, und der Mann war tot.

Das Schiff erbebte erneut, und durch seinen Helm hörte Kane eine dumpfe, dröhnende Explosion und er wusste, dass das Schiff tödlich getroffen worden war. Noch eine Sekunde, und es würde aus allen Nähten auseinanderreißen. Alle Tinker-Geschütze waren zielgerichtet und feuerten nach Belieben.

Die Schlösser! Wo zum Teufel wären die Schleusen auf diesem seltsam gestalteten Schiff?

Er atmete wieder auf, als die Luke aufgrund des schwindenden Luftdrucks aufsprang. Er war sich der Ansammlung von Geräuschen in seinen Kopfhörern bewusst. Irgendwo schrie ein Mann. Die ganze letzte Minute lang hatte es Männer gegeben, die geschrien hatten, aber erst jetzt begann er, die Geräusche in seinem angespannten Gehirn wahrzunehmen.

„Wo zum Teufel ist Zetterman ?"

„Ich weiß nicht – achtern mit dem Kerl, zu dem wir geschickt wurden , schätze ich. Oh Gott."

„Dann ist er, wenn er noch am Leben ist, weniger als sechs Meter von einer Schleuse entfernt. Aber er hat uns nicht geantwortet. Was wollen Sie also tun? Wir sind alles, was noch übrig ist, und sie sind fast neben uns."

„Sie würden uns so oder so erwischen. Wenn wir nur hinter die Schleuse auf der Backbordseite gelangen könnten, weg von ihnen –"

Jon ließ die Worte einen Sinn ergeben. Backbordseite. Sechs Meter entfernt – DA!

Innerhalb von Sekunden war die innere Öffnung geöffnet, und dann wartete er auf die äußere Öffnung, ohne sich die Mühe zu machen, die Schleuse zu öffnen. Er wäre ein wenig enttäuscht, aber ein Anlauf wäre hilfreich. Er wollte mit den Männern kommunizieren, die er reden hörte, und herausfinden, was die Zahlen bedeuteten, die der tote Mann Zetterman genannt hatte, aber die Tinkers würden alles überwachen und sogar einen Helm mitnehmen, der auf diese Entfernung eingestellt war.

Das äußere Schloss öffnete sich langsam, und der kleine Druck, der noch im Schloss war, drückte ihn sanft gegen die sich erweiternde Öffnung, während er sich mit einem leisen Heulen vollständig in die schwarze Unendlichkeit des Weltraums auflöste. Er tauchte auf, und es war, als würde man von einem unsichtbaren Berghang in eine Nacht treten, die zu dunkel war und deren Sterne zu nahe schienen . Nur verrückterweise bist du nicht gefallen –

Er ließ sich von dem leichten Schwung treiben, den ihm der verbrauchte Luftdruck in der Schleuse gegeben hatte, und dem verräterischen Flackern seines Energiepakets so nah an der riesigen grauen Gestalt, die weniger als hundert Meter von der anderen Seite des kaputten Schiffs, das er verlassen würde, aufragte bedeuten sein Ende. Er dachte mit Höchstgeschwindigkeit. Natürlich würden ihre Bildschirme ihn aufspüren, aber er setzte darauf, dass er einfach nur als ein weiterer von den Tinker-Geschützen zerschmetterter Trümmerbrocken abgetan werden würde.

Jove ragte gewaltig und phantastisch leicht über ihm auf. Bald würde sein Drift zum freien Fall werden, aber er musste bis zum letztmöglichen Moment warten, um das Rudel zu benutzen. Doch wenn er zu lange wartete –

Er biss die Zähne zusammen, bis sie schmerzten, zwang seine Arme zur Seite und ließ seine Hände von den Ruderkontrollen weg. Die vielfarbigen Bänder des großen Planeten waren abwechselnd dunkel und hell und bewegten sich langsam, als wollten sie ihn ergreifen, verschlingen und einfrieren. Die gigantische Masse schien nur wenige Meter entfernt und nicht weit über eine Million Meilen entfernt. Doch es war zu nah und näherte sich ihm langsam.

Er drehte seinen Körper und versuchte, das Tinker-Schiff zu beobachten. Es hatte sich mit dem zerschmetterten Wrack geschlossen, dem er entkommen war, und hatte sich daran festgeklammert. Eine Öffnung öffnete sich, und aus dem dunklen Schlund drang ein nadelförmiger, feuriger Lichtstrahl. Einsteigen in Anzügen. Aber es gab kein orange-violettes Aufblitzen der Abgase eines Raumfahrzeugs , also war er vielleicht unbemerkt geblieben.

Aber er musste immer noch treiben, und er wusste jetzt, dass er begonnen hatte zu fallen. Ganz leicht, aber er steuerte direkt auf die große Masse des Jupiter zu, und seine ursprüngliche Richtung verlief fast tangential zu seiner Umlaufbahn. Die massive Kugel schien an ihren Polen noch abgeflachter zu sein als sonst, und ihre Satelliten kreisten unregelmäßig, was, wie er wusste, an der Panne des Geejay lag, die das gesamte System erschüttert hatte.

Doch noch während er zusah und so langsam sie schwangen, bemerkte Jon Kanes geübtes Auge und sein Verstand rückläufige Bewegungen und erkannte, dass die winzigen Monde langsam auf etwas zurückfielen, von dem er wusste, dass es ungefähr ihren früheren Umlaufbahnen entsprach. Die Tinkers hatten irgendwie Erfolg.

Aber der Anzug wurde kalt. Die Isolierung war überraschend effizient, aber sie war immer noch nur eine Notfunktion der Bohrinsel, um einen Menschen im Falle eines Heizungsausfalls für kurze Zeit am Leben zu halten. Und die Benutzung der Heizung bedeutete Strahlung, doch das musste er jetzt riskieren. Und bald das Rudel selbst. Aber es würde wenig nützen, wenn er ziellos umherirrte, und da, so musste er wetten, kamen die Zahlen ins Spiel. Mit den drei Buchstabenkombinationen könnte es sich um sphärische Koordinaten handeln. Für sein Leben müssten sie es sein.

69-X. .01-Y. 86-Z. Mit Bezugsebenen, berechnet auf der Mittelebene der Planetenekliptik relativ zur Sonne. Dann.

Rasch analysierte sein Gehirn die Werte und gab ihm eine Annäherung. Und es wäre ein Punkt –

Und wohin er blickte, war nur Schwärze. Es war natürlich der verdammte Zeitfaktor, der fehlte. Doch Zetterman hätte ihm keine Zahlen für gestern oder nächsten Monat genannt. Es müssten Zahlen für den Moment oder die voraussichtliche Ankunftszeit am Zielort sein, aber wo? Wie weit? In der Nähe von Jupiter? Die Satelliten? Einer von ihnen? Das würde den Zeitfaktor gegen Null bringen. Und-

Natürlich! Die Zahlen wären nicht mehr vollständig gültig; Nach dem Gravitationsungleichgewicht, das sich erst jetzt auszugleichen begann, wäre die Fehlertoleranz groß! Wenn er mehrere hunderttausend Meilen auf beiden Seiten seines Koppelnavigationpunkts absuchte.

Und da war es! Kallisto . Er befand sich fast rittlings auf seiner Umlaufbahn, und da es näher an seinem geschätzten Punkt lag als alle anderen, musste es das wahrscheinlichste Ziel sein.

Wenn er natürlich mit dem Zeitfaktor Recht hatte. Wenn sich die Koordinaten auf den Standort von Leichen in unmittelbarer Nähe des Schiffes zum Zeitpunkt des Angriffs beziehen.

Er war taub vor Kälte, und wenn er länger mit seinem Kraftpaket warten würde, würde er in Jupiters schrecklichem Schwerkraftfeld gefangen bleiben, bevor er den nötigen rechten Winkel in die Richtung lenken und Kurs auf den kargen Planetoiden nehmen könnte.

Seine Arme schmerzten, als er sie in seinen Anzug hineinzog, und seine Finger waren unbeholfene, sinnlose Dinge, die nach den Strom- und Hitzeschaltern tasteten.

Dann fand er sie. Augenblicke später herrschte Wärme, und dann begann der graue Satellit, auf den er zusteuerte, mit jeder Sekunde, die verging, größer zu werden.

<hr>

Der zerklüftete Kreis der Ebene war fast so weit, wie er im schwachen reflektierten Licht des Primärteils des Satelliten sehen konnte, ununterbrochen, bis auf die jüngsten Risse in der Oberfläche, die durch heftige Beben während des Ausfalls des Geejay entstanden waren , und gelegentliche Pockennarben zurückgelassen von den umherschweifenden Stücken kosmischen Treibguts, die von der überraschend geringen Schwerkraft von Callistan erfasst worden waren . Die Ebene, auf der er gelandet war, war von niedrigen Bergketten umgeben, die wie riesige Drachenzähne aussahen, die bereit waren, ihn jeden Moment aufzuspießen. Und Jupiter selbst sah seltsam geneigt aus, da seine atmosphärischen Bänder nun steil von der Horizontalen weg geneigt waren. Sein fahles Licht warf unheimliche Schatten über die Ebene; machte die Risse in seiner Oberfläche und die Miniaturkrater täuschend groß und klein.

Und es gab keine Anzeichen einer menschlichen Besiedlung, kein künstliches Bauwerk leuchtete vor dem dunklen Horizont, und das bedeutete, dass er kostbaren Treibstoff verschwenden musste, indem er in großen Sprüngen über die nicht unerhebliche Oberfläche des Mondes jagte und schaute. Er war sich nicht einmal sicher, wofür.

Wenn Zetterman beabsichtigt hatte, diesen einen von elf Satelliten finden zu lassen, warum hatte er dann nicht die Gitterkoordinaten der Breiten- und Längengrade angegeben? Oder war der Mann gerade dabei gewesen, als der Tod dazwischenkam?

Es sei denn ... welche künstliche Anlage auch immer auf dem Planeten existierte, könnte mit denselben Koordinaten lokalisiert werden! Es wäre genial....

Schnell stellte sich Jon vor seinem geistigen Auge ein standardmäßiges dreidimensionales Systemgitter vor; wandte es auf den Satelliten an, auf dem er stand, und ersetzte die Z-, Wenn man Zettermans Koordinaten anwendet , wäre seine Richtung also im Allgemeinen Nordnordwesten, zu einem Punkt unter der Oberfläche des Satelliten!

Für einen Moment versetzte ihn dieser Gedanke wieder in Verwirrung, und dann wurde ihm klar, dass seine Chancen bei der standardmäßigen sphärischen Punktbestimmungsmethode theoretisch eins zu unendlich gewesen wären, einen Punkt genau auf der Oberfläche des Planetoiden zu erreichen.

Die Installation erfolgte also unterirdisch, was zwar logisch war, die Sache aber umso schwieriger machte. Es sei denn natürlich, es gäbe leichte oberflächliche Anzeichen. Gott, wenn Zetterman nur einen Augenblick länger gelebt hätte.

Mit einem gemurmelten Gebet, dass seine Schlussfolgerungen und Koppelnavigation wesentlich mehr waren als leere Rationalisierungen der Verzweiflung, drückte Jon die Schaltknöpfe seines Rucksacks und sprang leichtfüßig über die feindliche Oberfläche des Planetoiden. Er müsste natürlich Recht haben. Denn in seinen Tanks befand sich nur noch eine begrenzte Menge Sauerstoff, und seine Kraft würde sicherlich nicht ewig anhalten.

Er verfolgte seine Position auf die primitivste Weise, die der Mensch kannte; die Kugel, die die Sonne war. Und im Geiste überlagerte er diese Kugel mit dem Tri-Di-Gitter, das nun unvergänglich in sein Gehirn eingeprägt zu sein schien, und berücksichtigte gleichzeitig den Unterschied in der Umlaufgeschwindigkeit und die Sonnenparallaxe.

Er fiel ein letztes Mal sanft auf das vulkanische Gelände des Planetoiden zurück und wusste, dass der Ort, den er suchte, wenn er überhaupt existierte, nur noch wenige Meter von ihm entfernt war. Der mächtige Jupiter befand sich nun im Zenit, doch selbst in seiner direkt gespiegelten, wellenförmigen Beleuchtung war er schwieriger zu erkennen als zuvor, und jeder Schritt war ein Experiment. Bimsstein spritzte über seine Raumstiefel , ein solide aussehendes Zeug, das nur eine bewegliche Abdeckung für einen bodenlosen Spalt oder eine gähnende Gletscherspalte sein konnte. Und über ihm und auf allen Seiten bis zum Horizont schimmerten Sterne verspottend und kalt in der Dunkelheit, als wollten sie ihn daran erinnern, dass ein Mann nicht ewig leben konnte.

Er begann, in immer größeren Kreisen zu gehen. Etwas würde sich zeigen.

VIII

Deanne war sich nie sicher, ob ihre Entscheidung völlig ein Produkt ihrer eigenen Meinung war, da sie vor dem schrecklichen Konflikt zwischen den Erkenntnissen ihres Lebens und dem, was sie für richtig hielt, brodelte, oder ob sie durch das Klirren von ihr getroffen worden war die Alarm-Gegensprechanlage des Schiffes in ihrem Quartier.

Sie hatte Glück gehabt. Es sei ihr gelungen, unerkannt aus ihrem Verhaftungsbruch wiederzukommen; Die Rückkehr von ihrem Aussichtspunkt auf dem Dach des Konferenzraums war ebenso ereignislos verlaufen wie ihre heimliche Flucht durch das Laufsteglabyrinth dorthin, und als sie wieder sicher in ihrem Quartier war, hatte sie versucht, sich auszuruhen, ihre Gedanken zu ordnen und nachzudenken.

Ihr Onkel, der Direktor Gentech selbst, war von B- Haaq geschlagen worden , und B- Haaq war kein Mann, der einen Vorteil ungenutzt verstreichen ließ. Jetzt wäre es nur noch eine Frage der Zeit. Es war nur eine Frage der Zeit, und der Majtech würde die Befehle erteilen, und ihr eigenes Schicksal würde in seinen Händen liegen. Sie musste sich entscheiden. Zu bleiben und zu versuchen, einem schwächelnden alten Mann zu helfen, oder einen regelrechten Fluchtversuch zu unternehmen, so wie Kane es getan hatte, und ihn dann irgendwie zu finden! Denn Kane hatte Recht gehabt! Oh ja, Kane hatte recht gehabt. Denn Macht war kein Selbstzweck, und letztlich heiligte der Zweck nicht die Mittel! Die ITA, richtig oder falsch ... nein! Die ITA war falsch!

Der Alarm ertönte, und dann kreischte der Lautsprecher laut.

„Aufgepasst an alle Offiziere und technisches Personal ! Bemannen Sie Ihre Kampfstationen! Ein nicht identifiziertes Raumschiff liegt neun Komma drei Punkte Steuerbord-Ekliptik minus zwölf Uhr drei bei dreihunderttausend und wir überholen. Die Anwesenheit des flüchtigen Kane an Bord ist sehr wahrscheinlich, daher lautet der Feuerbefehl zu zerstören. Nochmals: Alle Offiziere und technisches Personal , bemannen Sie Ihre Kampfstationen!

Deanne brachte den Kommunikator mit einer Kraft zum Schweigen, die beinahe den Knebel aus seiner Fassung riss. Die dummen Narren! In der Vergangenheit waren immer Feinde vernichtet worden, und nun sollte dieser Feind vernichtet werden! Ungeachtet der Tatsache, dass sie Kane niemals lebend oder nicht finden würden, wenn jedes Schiff, an dem er sich befand, in Stücke gesprengt würde!

In wenigen Augenblicken würden die Korridore und Laufstege voller huschender Cadtechs , Offiziere und Arbeitstechniker sein , die durcheinander zu halb vergessenen Kampfstationen stürmten und verzweifelt versuchten, sich genau daran zu erinnern, wie die langen, lautlosen Kanonen des Flaggschiffs bedient wurden. Für eine formlose, weltraumtaugliche Gestalt gäbe es keine Augen.

Sie wartete angespannt, bis der Lärm vor ihrer Kabine seinen Höhepunkt erreichte, dann öffnete sie schnell die schmale Schottluke, trat hindurch und in das Gewirr von Männern und Frauen hinein und ließ sich zu den

Schließfächern für Anzüge und der Bank oder dem Schloss tragen Häfen in ihrer Nähe.

Die Lichter im Korridor brannten jetzt, und die weißen Gesichter, die unter ihnen auf und ab tanzten, waren angespannt. Deanne fand einen Anzug und zog ihn an, als die erste Raumkanone des Raumschiffs abgefeuert wurde. Das Deck bebte unter ihren Füßen und sie wurde von drei Guntechs , die ihre Posten noch nicht gefunden hatten, beinahe aus dem Gleichgewicht geworfen. Aber jetzt herrschte mehr Ordnung und sie musste sich beeilen. Das andere Schiff musste in der Nähe sein, denn die Kanonen hatten bereits begonnen, Sperrfeuer abzufeuern, und das geschah erst, als das Ziel mit bloßem Auge sichtbar war.

Rasch schlüpfte sie in eine Luftschleuse, drückte sich gegen ein schmales Schott, als sich die innere Öffnung zuzog, und blieb regungslos, während die automatischen Pumpen auf Nulldruck herunterfuhren. Jetzt würde sie warten, wachen und beten, dass niemand im Vorbeigehen in die Schleuse schaute. Es war ein verrücktes Glücksspiel, und wenn Jon nicht an Bord wäre ...

Sie betrachtete die von Sternen übersäte Schwärze, kniff die Augenlider zusammen, um jedes Mal, wenn eine Batterie abgefeuert wurde, das grelle Licht darin zu erkennen, und plötzlich verspürte sie einen kleinen Kloß im Hals, als die Glieder des mächtigen Jupiter majestätisch in ihr Sichtfeld schwangen. Irgendwo da draußen, in dieser schrecklichen Unendlichkeit – dort!

In ihr schien sich Eis zu einem Klumpen zu bilden. Das außerirdische Schiff war ein perfektes Ziel, dessen Silhouette sich vor der riesigen leuchtenden Scheibe Jupiters abzeichnete! *Und es löste sich auf!*

Große Feuerstöße schossen aus den Triebwerksgehäusen, geschmolzene Bruchstücke scharfen Metalls glühten, als sie wie verrückt in großen Schauern weißglühender Flammen davonwirbelten, und sie konnte die schreckliche Vibration der Kanonen des Flaggschiffs spüren, als diese gnadenlos weiter auf das Ziel feuerten .

Ein winziger Feuerpunkt.

Sie sah es, und der sengende Holocaust registrierte es in ihrem taumelnden Gehirn nicht sofort.

Ein winziger Punkt blauweißen Feuers, der nicht von dem getroffenen Außerirdischen ausgegangen war, sondern plötzlich für den Bruchteil einer Sekunde in beträchtlicher Entfernung von ihm aufgetaucht war! Ein Anzugpaket !

Mit dem stillen Gebet auf ihren Lippen, dass es den Augen der anderen entgangen sei, öffnete Deanne die äußere Schleuse und startete in den Weltraum.

Irgendwie wusste sie, dass der Mann Jon Kane war, auch wenn sie wusste, dass sie ihn zu spät gefunden hatte. Sie stand wie angewurzelt im tiefen Schatten des zerklüfteten Felsens, unter dem sie gelandet war, und war nicht einmal in der Lage, ihn vor dem Mann zu warnen, der plötzlich hinter ihm aufgetaucht war. Ein Mann mit einer Waffe in der Hand, direkt auf den Rücken des Cadtech gerichtet! Ihr Funkgerät in einer solchen Entfernung zu verwenden, würde eine Energieabgabe bedeuten, die einen Raumtender innerhalb von Minuten auf sie abschießen würde.

Hilflos sah sie zu. Beobachtete, wie der andere Jon mit seiner Waffe berührte und ihn über den Rand eines breiten Kraters zwang –

"NEIN-!"

Ihr erstickter Schrei machte sie in ihrem Helm fast taub.

Dann sah sie, dass der andere über die Lippe folgte, und erkannte, dass ihr Ziel irgendwo in der Senke selbst lag.

Lange, stille Momente stand sie in wahnsinniger Frustration da und sah zu, wie die beiden Männer im Krater verschwanden, ebenso machtlos wie zuvor zu warnen. Sie konnte jetzt weder zurück noch weiter gehen.

IX

Die Kraterwände waren mit einer dünnen Schicht metallischen Sprays mäßig magnetisiert worden, und Kane lief vor seinem Entführer mit größerer Leichtigkeit den steilen Abhang hinab, als er es auf der natürlichen Oberfläche des Planetoiden geschafft hatte. Er zögerte, als sich der Kraterboden plötzlich langsam zu öffnen begann, und da war wieder das Stechen in seinem Rücken.

„Gehen Sie weiter, Herr. Da ist eine Leiter und Sie sind der Erste!"

Kane bewegte sich vorsichtig und blickte über die glatte Lippe des nun vollständig geöffneten Schachts. Die Leiter war ein dünnes, röhrenförmiges Gebilde mit schmalen Sprossen. Er fiel auf die Knie, schwang ein Bein nach vorne; mit den Ellbogen festgehalten, mit dem anderen Fuß tastete er nach der nächstniedrigeren Sprosse. Dann tastete ich mit einer Hand ab, fand die oberste Sprosse und begann den Abstieg.

„Ich kann dich auf dem Weg nach unten nicht decken“, sagte der Mann über ihm. „Aber ich habe einen frischen Sauerstoffvorrat, und ich glaube nicht, dass Sie einen haben. Und ich habe beide Waffen!“

Der Schacht schloss sich lautlos über ihnen, und dann gab es plötzlich Licht, und Jon blinzelte nach dem Dämmerlicht der trostlosen Welt draußen. Die Falten seines Anzugs begannen sich locker anzufühlen, und er wusste, dass der Schacht auch als Luftschleuse fungieren musste, und während sie abstiegen, stieg der Druck immer weiter an.

Als sie schließlich den Boden erreichten, deutete sein Häscher mit einer Handwaffe auf ihn.

„Zieh deinen Anzug aus. Er bleibt bei mir. Ob du ihn wieder zurückbekommst oder nicht, bleibt dir überlassen. Beweg dich!“

Jon fummelte an ungewohnt platzierten Hunden und Schnallen herum, gab dann den Anzug ab und atmete tief ein .

"Wo jetzt?" Aber der andere konnte es nicht hören. Sein Helm saß immer noch, und Jon wusste, dass derjenige, der ihn wollte, nicht mehr riskierte als nötig. Doch wie als Antwort auf seine Frage glitt plötzlich eine konkave Platte in der Schachtwand auf, und der stämmige Mann, der hineintrat, bedeckte ihn fast beiläufig mit einer seltsam aussehenden Zweihandwaffe. Er gab dem anderen ein Zeichen und sah dann Jon an, als würde er ihn zum ersten Mal bemerken.

Er trat zur Seite und deutete mit der hässlichen Schnauze der Waffe, die er trug, auf die offene Tür. „Nach Ihnen, Herr. Und machen Sie mit. Sie haben den Chef ein wenig warten lassen!“

Beide Männer hatten in der Sprache Terras gesprochen, doch für Jon klang sie seltsam verzerrt. Er kannte die Sprache fast sein ganzes Leben lang, aber sein Vater hatte ihm die Worte beigebracht, wie sie in einem Teil des Planeten gesprochen wurden, der einst Vermont hieß, und er bemerkte einen merkwürdigen Unterschied in der Sprache des anderen. Er fragte sich beiläufig, ob einer von ihnen das Universelle sprach. Aber zumindest wusste er jetzt, wer sie waren. Solmen von der Erde, die irgendwie gelernt hatten, Raumschiffe und Waffen zu bauen; der irgendwie dem aufmerksamen Auge der Tinker-Spione der Erde entgangen war. Aber er verspürte nicht die Überraschung, die er erwartet hatte. Es gab Legenden über die Menschen der Erde.

Die schweren Schritte des stämmigen, muskulösen Mannes hinter ihm hallten hohl im schmalen Korridor wider. Der Gang machte eine sanfte Kurve, fiel nach unten und endete dann abrupt.

„Wenden Sie sich nach rechts.“

Das tat er, und es öffnete sich für ihn ein Panel, das dem ersten ähnelte. Er trat hindurch und sein zweiter Häscher folgte ihm.

„Okay, warte."

Sie befanden sich in einem kompakten Raum, der nicht leer war. Es waren etwa zehn Männer darin, schätzte Jon auf den ersten Blick, alle ähnlich gekleidet in die grünen Lederoveralls , die seine Entführer trugen, und ohne jegliche Rangabzeichen. Sie schauten von ihren Plätzen um den mit Papier übersäten Konferenztisch auf, und ein großer Mann an der Spitze erhob sich halb von seinem Stuhl.

„ Haine ! Ich dachte, ich hätte es dir gesagt – oh, ist das der Mann?"

„Darwin sei mit uns, Sir, das ist es."

Das Gesicht des großen Mannes veränderte schnell seinen Ausdruck. Er setzte sich wieder, und plötzlich war es still im Raum, und andere drehten sich auf ihren Stühlen um und fixierten Jon mit ihren Augen. Der große Mann gab ihm kein Zeichen, sich auf einen der leeren Stühle zu setzen, sondern sprach mit ihm, als ob er verhaftet worden wäre.

„Du bist Kane? Der auf Titan verhaftete Tinkerman ?"

„Das bin ich", antwortete Jon und versuchte, das Selbstvertrauen in seiner Stimme zu bewahren. „Aber ich nicht-"

„Beantworten Sie einfach meine Fragen, Master Kane. Mein Name ist Stine – Martin Stine. Auf der Erde bin ich Senator. Meine Männer haben Sie aus dem Gefängnis auf Titan befreit. Anscheinend sind Sie und die Tinkerwoman ihnen danach entkommen –"

„Ich weiß nicht, was mit dem Lenantech passiert ist , aber ich selbst hätte es versucht!" Sagte Jon und ärgerte sich leicht über den selbstgefälligen Tonfall in der Stimme des Mannes. „Anscheinend hast du noch nichts davon gehört, was mit dem Schiff passiert ist, das du geschickt hast, um mich abzuholen. Du wirst es nicht wiedersehen. Und der einzige Grund, warum ich hier bin, ist, dass ich mich entschieden habe zu kommen und den Anweisungen eines von euch gefolgt bin." Männer, die im Sterben lagen.

Der Senator warf einen schnellen Blick auf die Männer um ihn herum. Dann: „Diesen Teil der Geschichte kannst du mir später erzählen, Kane. Ich verstehe, dass du so etwas wie ein abtrünniger Tinkerman bist , stimmt das?"

„Das stimmt, aber wie hast du gelernt –"

„Meine Organisation hat viele Männer an vielen Orten. Ich verstehe, dass Sie ein ziemlich außergewöhnlicher Techniker sind, Kane, und dass die ITA derzeit hinter Ihnen her ist. Deshalb habe ich einen Vorschlag für Sie. Wir können ihn gebrauchen Techniker." Stine lehnte sich jetzt entspannt und selbstsicher in seinem Stuhl zurück. Die anderen sahen nicht so entspannt aus und Jon schien sich auch bei weitem nicht so sicher zu sein.

„Zuallererst möchte ich wissen, wer du bist", sagte Jon und sprach Stines Terra-Dialekt so gut er konnte. „Die Erde ist kein anderer Planet als der Rest."

„Ich sagte, ich würde die Fragen stellen, Kane! Aber zu Ihrer Information, diese Organisation besteht aus Männern, die Ihnen sehr ähnlich sind. Ich gehe davon aus, dass Sie Ihre technologischen Fähigkeiten dadurch erlangt haben, dass Sie sich bestimmte Bücher beschafft haben; Bücher, die die Tinkers vernichten ließen, und haben sich nicht mehr selbst. Nun, Ihr Fall ist nicht gerade einzigartig. Der Unterschied besteht darin, dass Sie von der ITA in die Falle einer Auswahl für die Ausbildung geraten waren. Meine Männer waren es nicht. Wir sind in der Hinsicht, dass wir frei sind, in einer besseren Position als Sie das ITA brechen müssen. Und Sie haben sicherlich nicht gehofft, die Arbeit im Alleingang zu erledigen.

„Das ITA brechen?" Fragte Jon. Er verspürte eine seltsame Spur von Zwietracht. Diese Männer versteckten sich nicht. Nicht nur verstecken.

„Warum natürlich." Der große Mann rutschte auf seinem Sitz hin und her und blickte sich erneut zu den anderen um. Ihre Augen waren immer noch auf Jon gerichtet, als hätten sie noch nie zuvor einen Bastler gesehen. „Sie sind vielleicht keine Diktatoren im eigentlichen Sinne des Wortes, aber sie üben eine enorme politische Macht über mehr als hundert Planeten aus, Kane. Das wissen Sie. Sie müssen einem Planeten nur seine geplanten Dienstbesuche verweigern , und die Wirtschaft und … " Die Zivilisation dieses Planeten steht plötzlich vor dem Zusammenbruch. Letztendlich wird eine solche Konstellation sowieso den Untergang bedeuten. Eines Tages wird es zwangsläufig zu Rebellionen kommen, und zwar nicht auf einem einzelnen Planeten, sondern auf vielen. Es wird die Menschen von der Welt befreien ITA vielleicht, aber es wird auch einen schnellen Rückschritt bedeuten; die Zivilisation wird aufgrund ihrer Komplexität schneller zurückfallen, als die Menschen zurückgewinnen können, was die Kriege zerstört haben, oder wieder lernen können, was die Tinkers ihnen vorenthalten haben.

„Es hätte vielleicht funktioniert, wenn die ITA nicht schlampig geworden wäre. Aber sie kann nicht einmal mehr ein anständiges Projekt AA durchführen! Sie gefährdet das Leben zweier Galaxien, weigert sich aber, den Menschen das Wissen zu geben, sich selbst zu schützen! Deshalb werden wir es tun." Zerstöre die Tinkers, Kane. Unsere Propagandamaschinerie gewinnt täglich an Dynamik, und dieser jüngste Geejay- Zusammenbruch im

Solsystem ist Wasser auf unserer Mühle. Unsere technischen Errungenschaften verbessern sich täglich, obwohl sie unter der Bedingung größter Geheimhaltung durchgeführt wurden über einen langen Zeitraum äußerst schwieriger Jahre.

„Als ich von Titan von deiner Gefangenschaft per Kettbaum erfuhr und von dir und der Frau erzählt wurde und gefragt wurde, ob ich dich wollte, sagte ich ja. Ich habe dich verschont, Kane, und mir große Mühe gegeben, dich zu bekommen, weil du Kennen Sie die Tinkers, wie wir sie nie kennen lernen könnten. Und, was noch wichtiger ist, Sie können viel besser mit Technologie umgehen als wir oder sie. Stimmt das?“

Jon zögerte, blickte auf die ihm zugewandten Gesichter und sah die kalte Bitterkeit in ihren Augen.

„Ich kann fünfhundert Jahre lang ein Doppel-A gut machen.“

„Genau wie wir dachten. Du bist gefährlich für sie, Kane, weil du aus irgendeinem Grund mehr weißt als sie. Die Leute würden anfangen, ihre Bedürfnisse eher bei dir als bei ihnen zu suchen, und sie haben große Angst vor dir.“ Ich werde herumlaufen und alles ausplaudern, was du weißt, und ihren Halt ruinieren. Nun, das ist nur die Chance, die wir dir geben wollen. Helfen Sie uns, und später können Sie Ihren eigenen Preis nennen. Gehen Sie zurück zu den Tinkers und zu Ihnen „Bist ein toter Mann.“

Im Raum war es wieder still, aber ihre Augen waren immer noch auf ihn gerichtet. Er versuchte nachzudenken, versuchte einzuschätzen, was der große Mann gesagt hatte. Es schien alles so logisch, und doch stimmte etwas nicht. Da war etwas, was sie nicht verstanden haben. Oder vielleicht zu gut verstanden.

„Ich – ich stimme dir zu, was die enorme Macht angeht, über die sie verfügen“, sagte Jon langsam, „aber du liegst falsch, wenn du sie vernichtest. Es ist wahr, dass sie nicht mehr die Techniker sind, die sie einst waren. Sie haben die Logik durch Glauben und historische Fakten verunreinigt.“ mit Legenden; sie wissen zwar *wie* , aber sie wissen nicht *warum* , und das wirkt sich auf ihr Know-how aus, wenn Sie verstehen, was ich meine. Sie stützen sich immer mehr auf Glauben und immer weniger auf Vernunft –“

Stine nickte. „Genau. Wenn dem Wissen kein Raum zum Wachsen gegeben wird, verschlechtert es sich und besteht schließlich nur noch aus halbverstandenen Pseudowahrheiten. Deshalb sehe ich nicht –“

„Wenn Sie sie zerstören“, unterbrach Jon, „entfernen Sie plötzlich den letzten anerkannten Sitz technischen Wissens, der in unseren beiden Galaxien existiert. Anerkannt, verstehen Sie. Und das würde echtes Chaos bedeuten, Senator. Die Menschen wären so verängstigt und …“ hilflos angesichts der Aussicht, hilflos zu sein, dass sie noch schneller zu Wilden werden würden, als Sie es beschrieben haben. Sie würden mit Sicherheit in Panik geraten – Panik, wie es sie seit den Kriegen nicht mehr gegeben hat." Jon ließ den Satz verstummen und fragte sich halb, warum er sich plötzlich für ein System einsetzte, das er hasste, und eine reaktionäre Existenzphilosophie verteidigte, die den Verstand der Menschen auf Schritt und Tritt verkümmerte. Denn Stine hatte zumindest halb recht – die Tinkers bedrohten tatsächlich das Wesen der geistigen Freiheit. Doch gleichzeitig wusste er, dass ihre Zerstörung noch größeren Schaden anrichten würde.

Es war, als ob die anderen am Tisch und der Mann, der ihn gefangen genommen hatte, jetzt nicht mehr existierten. Es war ein ruhiges, angespanntes Drama zwischen zwei Köpfen geworden, und Jon wusste, dass er nicht hierher gebracht worden war, um Stines Gedanken für ihn zu übernehmen.

„Weißt du, Kane", sagte Stine gerade, seine Stimme war plötzlich sanft und sanft, sein großes Gesicht entspannte sich zu einem einstudierten Grinsen, „sie sind tiefer in dich eingedrungen, als ich gedacht hatte. Du bist immer noch ein halber Tinker." , nicht wahr?"

„Aber ich spreche nicht aus Loyalität! Nur aus Logik –" Der große Mann wedelte abfällig mit seiner fleischigen Hand und wurde leicht unterbrochen.

„Meister Kane, die Space Tinkers müssen gezwungen werden, ihre Bücher und Karten aufzugeben. Sie müssen gezwungen werden, diesen halb intellektuellen, halb religiösen Einfluss, den sie auf über hundert Planeten haben, aufzugeben; kurz gesagt, ihr Monopol muss gebrochen werden !" Eine riesige Faust schlug mit Nachdruck auf die übersäte Tischplatte. „Meine Organisation hat lange und hart daran gearbeitet und ihre Geheimnisse unter großem Risiko bewahrt, um dieses Ziel zu erreichen! Wir haben die Schiffe, wir haben die Waffen – einige unserer Meinung nach besser als die der ITA – und wir haben die Männer! Und Sie, Herr, sind entweder für uns oder gegen uns!" Sein Gesicht war rot geworden und Jon wusste jetzt, dass Stine nur darauf abzielte, die anderen zu beeindrucken; wusste plötzlich, dass seine eigene Logik richtig war und dass sie erneut als Bedrohung erkannt wurde, genau wie B- Haaq sie erkannt hatte. Eine Bedrohung der persönlichen Macht!

Und plötzlich kamen Worte in hitzigen Schwallen aus seinen eigenen Lippen. „Geheimhaltung! Das ist alles, woran Sie und die ITA denken können! Was auch immer Sie wissen oder lernen, es muss vor anderen geheim gehalten werden! Sie selbst sind identisch! Können Sie nicht verstehen, dass es dort, wo Geheimhaltung herrscht, keinen Frieden und keinen Fortschritt geben kann? Können Sie nicht verstehen, dass es im Bereich der Wissenschaft und Technologie keine Geheimnisse gibt? Die Tatsachen der Natur sind überall in der Schöpfung, Senator ! Du kannst sie nicht verstecken! Eine Zeit lang magst du die Leute für sie blind machen, aber sie können nicht versteckt werden, sie sind für jeden sichtbar und können nach Belieben verwendet werden, unabhängig davon, auf welcher Seite er steht! Die Tinkers haben dafür gesorgt, dass die Leute für sie blind sind ein paar Jahre her, aber es ist immer schwieriger geworden; und sie lernen auf die harte Tour, dass das Schlimmste daran, Geheimnisse zu bewahren, darin besteht, sie selbst zu vergessen!"

Stines Gesicht wurde weiß und angespannt, und die anderen warfen unruhige Blicke in seine Richtung, aber er unterbrach ihn nicht, und Jon machte weiter und ließ den ganzen Gedankenstrom los, der seine Seele so lange, so sehr lange gequält hatte.

„Sie sprechen von einem Monopol, Senator, aber Sie bilden selbst eines! Sie und Ihre Organisation hatten, genau wie ich, das Glück, einige der alten Bücher gefunden zu haben und einiges von dem alten Wissen daraus gelernt zu haben Die Rüstung für die Kriege wurde aufgebaut, und als ihr Schrecken endlich vorüber war, rebellierten die Menschen überall. Sie waren es, die die Bücher verbrannten, Senator! Nicht die ITA! Sie waren es, die mit allem fertig werden wollten, was ihnen dafür verantwortlich erschien für das Gemetzel, das sie irgendwie überlebt hatten! Sie waren es – auf hundert Planeten –, die ohne nachzudenken ihre Wissenschaftler, ihre Techniker überrannten und sie ermordeten, weil sie das Wissen besaßen, das sie missbraucht hatten! Und die wenigen Techniker, die entkommen waren, waren verbittert und verängstigte Männer. Es gelang ihnen, ein paar der alten Schiffe zu retten und zu fliehen. Und sie waren der natürliche Fehler, anzunehmen, dass sie, wenn sie nicht das erleiden sollten, was ihre ermordeten Gefährten erlitten hatten, daran denken müssten, das zu nutzen, was sie allein wussten Waffe gegen diejenigen, die dieses Wissen nicht hatten und nicht haben durften!

„Aber – und hören Sie mir zu, meine Herren! – Auch wie der Senator gesagt hat: Wenn dem Wissen kein Raum zum Wachsen gegeben wird, verschlechtert es sich! Und indem man ihre gut gehüteten Geheimnisse für sich behält und sie nur speziell ausgewählten Mitarbeitern anvertraut, die sie rekrutiert haben Jahr für Jahr wurden sie von den Planeten geschult, damit ihre Organisation zahlenmäßig schneller wachsen konnte, und indem sie diese „Geheimnisse" unantastbar und unantastbar hielten , gerieten sie schließlich überholt und schließlich halb in Vergessenheit und wurden durch pompösen Unsinn verfälscht! Und wenn Sie das sind Wenn du dasselbe tust, wird dir dasselbe passieren!" Er hielt kurz inne, um Luft zu holen, und stürzte sich dann kopfüber weiter. „Die Lösung liegt nicht im Kämpfen und Kämpfen – denn das ist es, was die ganze dumme Situation überhaupt erst herbeigeführt hat, wie es immer der Fall sein wird. Ich habe dir gesagt, ich könnte ein Double-A machen, das fünfhundert Jahre halten würde, und das kann ich!" Und ich werde es tun! Und ich werde Ihnen zeigen, wie es geht! Aber nur unter der Bedingung, dass Ihre Propagandamaschine den Tinkers die volle Ehre dafür zuschreibt!"

„Meister Kane, das reicht!"

„Ich bin noch nicht fertig! Können Sie sich nicht vorstellen, welche Auswirkungen ein solcher Schritt haben wird? Die Tinkers werden erstens dankbar sein, weil sie sich gerade in einer verzweifelten Lage befinden. Zweitens werden sie erkennen, dass es Überlegene gibt." Wissen für sich selbst nutzen und dass es von Nutzen sein kann und nicht eine Bedrohung für ihr Wohlergehen darstellt. Von diesem Punkt an könnten sie davon überzeugt sein, dass ihre „Geheimnisse" nicht länger geheim gehalten, sondern stattdessen genau den Menschen zurückgegeben werden sollten, die sie besitzen einst im Zorn zerstört. Und drittens werden die Menschen neuen Glauben an die ITA und ihre Fähigkeiten haben; neuen Respekt vor dem technischen Wissen, das sie jetzt so gefährlich fürchten und begehren! Auf diese Weise, meine Herren, können Sie die Zivilisation wieder aufsteigen lassen auf eine Art und Weise, dass die Tinkers eliminiert werden, aber auf eigenen Wunsch, weil sie am Ende nichts mehr zu befürchten haben und keinem weiteren Verteidigungszweck mehr dienen können.

„Es sei denn –" und Jon hielt tief inne, „Es sei denn, Senator, Sie wollen die Macht, die die Tinkers jetzt genießen, einfach nur für sich selbst haben!"

Stine sah ihn lange an.

Und dann lächelte er, aber in seinen Augen war Winter.

„Wir alle machen Fehler", sagte er leise. „Tut mir leid. Haine ! Bring ihn weg!"

X

Verstohlen bahnte sich Deanne von Schatten zu Schatten einen Weg zu der glattwandigen Senke, wobei ihre Füße in der leichten Schwerkraft kaum die zerrissene Oberfläche des Planetoiden berührten. Nur wenige Meter davon entfernt erreichte sie ihren Bauch, kroch zur Lippe und spähte hinüber.

Jeder Muskel in ihrem Körper spannte sich an, als sie sah, wie die versteckte Luke am Boden des Kraters lautlos zuglitt.

Wie sie gedacht hatte, war die Kraterwand künstlich magnetisiert, und in halber Hocke, an den tiefsten Schatten geklammert, den die groteske Jupiterkugel über ihr warf, bahnte sie sich ihren Weg nach unten. Sie erreichte die Stelle, an der sich die getarnte Luke geschlossen hatte, und wartete, wieder in Bauchlage.

Es dauerte nur wenige Sekunden, bis sich die runde Metallplatte zu öffnen begann! Sie spannte sich an, und als ihr Helm den Boden berührte, hörte sie das Geräusch schwerer Schritte, die nach oben stiegen und das hohle, klappernde Geräusch von Raumstiefeln auf metallischen Leitersprossen erzeugten.

Plötzlich schob sich ein Weltraumhelm über die Öffnung, und für einen Moment konnte sie das Gesicht des Mannes sehen. Es war nicht Jons! Es lag ein Ausdruck fassungsloser Überraschung über diesem zeitlosen Moment, und Deanne wusste, noch während sie sich bewegte, dass es dieser Abstand zwischen Sekunden oder gar nie war.

Mit aller Kraft ihres Körpers schwang sie ihr rechtes Bein und schwang die schwere Spitze ihres Raumstiefels direkt auf die Gesichtsplatte des Mannes!

Er versuchte vergeblich auszuweichen und sich in Sicherheit zu bringen. Hätte Deanne noch einen Herzschlag länger gewartet, hätte sie es verpasst. Sie spürte den schrecklichen Aufprall, als ihr Stiefel direkt aufschlug, das dünne Plastiglas des Helms zerschmetterte, hindurchging und Fleisch und Knochen traf.

Instinktiv schloss sie die Augen fest, als der Mann in dem zerrissenen Anzug geradezu explodierte.

Aber sie hatte keine Zeit, darüber nachzudenken, was sie getan hatte, und sich zu fragen, ob es Mord oder Kriegspflicht war: Der Mann war tot. Halb in, halb aus der gähnenden Luke, ausgestreckt wie eine blutige Marionette, die Waffen immer noch in den Holstern an seiner Seite. Sie hat sie genommen. Und selbst in der leichten Schwerkraft von Callisto brauchte sie fast ihre gesamte Kraft und ihren ganzen Mut, um das schlaffe Ding, das einst ein Mann gewesen war, ganz aus dem klaffenden Schacht zu ziehen und es dann immer wieder wegzustoßen von ihr, weg von der Luke, die bereits begonnen hatte, automatisch nach unten zu schwingen.

Sie wand sich schnell darunter, fand mit ihren Stiefeln die Leitersprossen und klammerte sich dann in der plötzlichen Dunkelheit bewegungslos an die schlanke Leiter, ihre Muskeln zitterten am Rande der Panik. Jetzt falsch zu urteilen bedeutete, schrecklich durch die Dunkelheit in die sichere Zerstörung zu stürzen, nur Gott weiß, wie abgründig tief unten.

Dann hat sie sich irgendwie gestärkt. Lässt ihre Beine mechanisch bewegen; habe die nächste Sprosse weiter unten gefunden. Und dann das nächste und das nächste.

Die rote Blindheit der Erschöpfung unter dem Glanz der Wüstensonnen überschwemmte sein betäubtes Gehirn in einer dunklen Welle des

Schmerzes, und mit ihr kamen all die vergangenen Qualen der Prokyman - Palisaden und die hoffnungslose Niederlage, die am Rande jeder Bewegung seines Lebens gelegen hatte ; Jon Kane konnte nichts sehen und konnte nur seltsam verzerrte Geräusche hören, denn er war, wenn auch noch nicht tot, so doch dem Tod nahe und nur durch eine ungewöhnliche neuronale Reaktion nicht ganz über die Bewusstseinsschwelle hinaus. Aber er hatte nicht gesprochen. Und nun war diese Macht für ihn völlig verloren.

Aber er konnte immer noch irgendwie die tierische Präsenz seiner Folterer spüren, die ihn eng umringten und sich dennoch in der winzigen, grellen Kabine aus poliertem Stahl befanden; In seinem zerschmetterten Gesicht war neuer Schmerz zu spüren, und er wusste, dass es der eiskalte Kohlendioxidspray war, der ihn wieder zu vollem Bewusstsein erwecken sollte. Aber jetzt war es nur noch ein neuer Schmerz.

Da war die Stimme von Haine .

„Beeilen Sie sich, machen Sie ihn bekannt. Wenn er abkassiert, bevor wir etwas aus ihm herausbekommen, wird Stine die Verbindung zerstören. Das ist ein Mann, der es hasst, bei einer Investition zu verlieren.“

„Habe nicht viel investiert. Wenn du mich fragst, habe ich auch nicht viel riskiert. Wozu war dieser kaputte Panzer sonst noch gut? Ich sage, töte die – “

„Bringen Sie ihn herum und halten Sie den Mund.“

Wieder der eiskalte Schmerz. Aber die Dunkelheit hielt.

Neue Klänge. Stine.

„Was hast du versucht, ihn sofort zu töten? Wie viel hast du bekommen?“

„Noch nichts, Sir. Er ist entweder der verrückteste Mann im Universum oder der härteste. Oder er weiß nichts.“

„Unsinn! Die Dinge, die dieser Mann weiß, können uns alle in den Schatten stellen, und vergessen Sie das nicht! Aber wenn wir nicht herausfinden, wie viel sein Volk noch weiß – oder nicht weiß –, wird es so sein eure Hälse genauso wie meine! Sie merken, dass jetzt außer ihnen noch jemand anderes im Weltraum ist.“

Die Dunkelheit schien sich ein wenig zu lichten; Die Taubheit schien aus seinem Gehirn aufzutauen und der Schmerz wurde quälender.

„Wir werden es noch einmal versuchen, Sir –“

„Macht nichts. Es gibt einen besseren Zweck für diesen Kerl, als ihn um Zentimeter zu töten. Vielleicht legt er wenig Wert auf sein eigenes Leben,

aber wenn es um das von ein paar Milliarden Menschen geht. Ja. Haine ,
glaubst du, du könntest einen ruinieren? Geejay ?"

„Zerstöre ein ..." Man hörte heiseres Atmen von einem halben Dutzend
Männern, und Jon spürte, wie sich etwas in ihm regte, aber es war, als wäre
er etwas, das von seinem physischen Körper getrennt war; dass er darüber
keine Entscheidungsbefugnis mehr hatte. „... klar, das schätze ich schon.
Ein Doppel-A im Rückwärtsgang! Haw! Wo?"

„Canis Major, Proky -System, falls er dort herkommt."

für mich nicht wie ein Prokyman aus."

„Macht das nicht. Könnten Sie die Arbeit so erledigen, dass die ITA sie nicht
reparieren kann? Und ich meine überhaupt NICHT?"

„Verdammt, Sir, einer unserer E-Blaster würde so viel tun –"

„Ich habe das Gefühl, dass ein sehr einfacher Weg, unser Ziel zu erreichen,
Haine , darin bestehen würde, unsere E-Blaster gegen jedes Schiff
einzusetzen, das die ITA besitzt – und was glaubst du, was uns dabei
zurücklassen würde? Dieser Kerl hier war' Es war nicht so weit falsch, wissen
Sie, als er darauf hinwies, was passieren würde, wenn die ITA plötzlich
zerstört würde. Zurück bliebe ein Universum voller schreiender Meemies.
Wir wären oben, aber oben drauf „Der größte Sprengschlüpfer, den Sie je
gesehen haben! Wenn wir uns etwas Gutes tun wollen, lassen wir die ITA in
einem Stück zurück. Der einzige Unterschied besteht darin, dass wir ihnen
sagen, was sie tun sollen!"

„ Ist das nicht nett von uns, einfach so reinzugehen, ohne eine Ladung
abzufeuern ..."

„Ich überlege hier, Johnson!"

„Es ist ein Kinderspiel, dass Sie nicht viel mit den Dreharbeiten zu tun haben!
Lassen Sie sich von den verrückten Köpfen hier sagen ..."

Jon hörte das plötzliche Geräusch von Knochen, die gegen Knochen
knirschten; Es gab einen erstickten Schmerzensschrei und das Geräusch, als
würde ein Mann schwer fallen. Dann redete Stine wieder leise.

„Gibt es hier sonst noch jemanden, der lieber Muskeln als Gehirnkraft hat?"

„Sir – Johnsons – Sie –"

„Begrabe ihn später und hör mir jetzt zu! Ich möchte, dass der Gravity-
Justifier in Procyon zerschlagen wird, damit die Tinkers nichts damit
anfangen können – aber damit *er es kann* ! Verstehst du, Haine ?"

„Ich kann es so zerschlagen, dass *wir* es in einer Million Jahren nicht mehr zusammensetzen können."

„Sie werden dafür verantwortlich sein. Bringen wir diesen Mann an Bord der *New World* und seien wir innerhalb einer Stunde bereit für das Hochschiff. Wir werden unseren Kuchen haben, meine Herren, und ihn auch essen! Es sei denn natürlich, unser Freund." Kane hier wird zusehen können, wie zehn Milliarden Menschen sterben, während ein ganzes Planetensystem auseinanderbricht, und nichts dagegen tun! Also gut, lasst uns loslegen!"

Und dann war das Geräusch eines weiteren Mannes zu hören, der in die bereits überfüllte Kabine kam.

„Senator Stine, Sir! Sehen Sie, was wir beim Herunterkommen der Leiter vorgefunden haben! Und außerdem in Schießstimmung! Ich brauche ein neues Weltraumgerät –"

„JON!"

„Nun! Die ITA hat nicht viel Zeit verloren! Sie sieht ein bisschen weiß aus, nicht wahr, Thurston? Und scheint unseren Freund hier zu kennen! Meine Herren, ich denke, die Dinge werden ziemlich gut klappen ... ."

Und das war der Moment, in dem Jon Kane wieder bei vollem Bewusstsein und voller Schmerz war.

Aber er hielt die Augen geschlossen, seine Stimme war stumm.

Die Bildschirmreihen im NIC-Raum *der Neuen Welt* spiegelten ein Kaleidoskop des Grauens wider, wie noch kein Mensch zuvor Grauen gesehen hatte und wie es nur ein Mann aus Kanes Jahrhundert verstehen konnte. Für den uneingeweihten Beobachter einer früheren Zeit, dessen gesamte Lebenserfahrung innerhalb der engen Grenzen eines einzigen Planeten stattfand, wären die sanft leuchtenden Kugeln auf den Bildschirmen wie weit entfernte Dinge erschienen; unantastbar und nur von spekulativem Interesse. Möglicherweise wurde das Interesse durch die plötzlichen Risse, die in den Oberflächen einiger Exemplare auftraten, oder durch die eigentümlich welligen Meeresmassen, die offenbar darauf aus waren, die Landmassen anderer auszulöschen, etwas verstärkt.

der wie Deanne neben ihm fest an einen Rücksitz gefesselt war , zeigten die Bildschirme eine drohende Welle von Tod und Zerstörung in einem Ausmaß, das an das Undenkbare grenzte.

Procyon I und II waren bereits kurz vor dem völligen Zerfall zerrissen; III, IV und V zitterten aufgrund ihrer größeren Masse in einem langsameren Rhythmus, aber die Nahaufnahmen zeigten, dass ihre größten Städte bereits zu zerfallen begannen. Ihre Straßen waren mit Toten und Lebenden verstopft, und die aufgerissenen Münder panischer Gesichter waren unheimlich still.

Die sechs äußeren Planeten hatten ihre ersten Erschütterungen noch nicht gespürt, aber sie hatten begonnen, auf subtil veränderte Umlaufbahnen zu gelangen, und ganze Kontinente wurden auf unnatürliche Weise in das höllische Licht der Zwillingssonnen getaucht, die ungehemmt große, flammende Massen ihres Lebensstoffs ausspuckten Hingabe in den unendlichen Brunnen der Leere.

Der größte Bildschirm zeigte eine breite, hauchdünne Scheibe, die mit unmenschlicher Gelassenheit in der Schwärze schwebte, deren flache Fläche sich sanft zur Ekliptik neigte und auf deren Oberfläche winzige ameisenähnliche Kreaturen wimmelten, die Menschen waren. Darüber schwebte ein glitzerndes, bleistiftförmiges Objekt, aus dem weitere Männer hervorgingen, deren winzige Formen von unregelmäßig geformten Massen gefolgt wurden, schwerelos an den unsichtbaren Schleppleinen.

„Sie tun nicht viel Gutes, oder, Kane?"

Der große Mann ragte über ihm auf, sein bulliges Gesicht war rot, aber mit einem entspannten, selbstbewussten Grinsen zerrissen. Jon brach sein langes Schweigen.

„ Starn hat dir gesagt, dass er sich ergeben würde! Warum kannst du das nicht akzeptieren, und dann verspreche ich dir, dass ich-"

„Du wirst was tun? Du würdest alles in die Tat umsetzen, und das weißt du, Kane, und am Ende müssten wir dich töten oder selbst getötet werden. Und wenn du sterben würdest." Jon richtete seinen Blick auf Deanne, sah, wie sie schauderte, dann wandte sie den Blick von den Bildschirmen ab, bittere Niederlage vermischte sich eng mit den Tränen darin. „Und außerdem", sagte Stine gerade, „ ist Starn nicht mehr der Boss! Und was glaubst du, was nützt es mir, einen Gewesenen zu verdrängen? B- Haaq ist derjenige, der jetzt ihre Spielzüge bestimmt, Kane." Und B- Haaq ist der Junge, der kämpfen will! Schade, dass du ihn nicht getötet hast, als du die Chance dazu hattest! Schau ihn dir da draußen an! Er versucht mir zu sagen, dass er es reparieren kann, oder irgendetwas, was ich dagegen tun kann! Erzählen Wenn ich dieses Schiff eine Meile näher bewege , wird er mich aus dem Weltraum katapultieren! Oh, Bruder —"

„Das könnte er, Stine", sagte Jon. Und der große Mann wirbelte herum.

„Mit diesen antiquierten Pop- Waffen, die er trägt? Versuche nicht, mich wütend zu machen, Kane. Er wird da draußen so lange schwitzen, bis er und seine ganze verdammte Crew umfallen. Und dann schicke ich dich rein! Bis dahin ist es soweit. " Es wird so schlecht sein, dass ich *weiß* , dass ich dir vertrauen kann. Du bist der Typ, Kane! Kämpfe wie der Teufel bis zur letzten Sekunde, und dann kommt der edle, heroische Opferteil. Oh, ihr werdet den Job machen, alle Nacht, nachdem du lange genug hier gesessen hast und zugeschaut hast!"

Jon biss sich auf die Lippe und sah zu, wie der große Mann vor den breiten Bildschirmreihen hin und her stolzierte.

„Ich könnte ihn in kürzerer Zeit besiegen, als es mit E-Blastern möglich wäre!" sagte Stine. „Aber man sagt, es gibt einen besseren Weg, Streitigkeiten zu gewinnen, als mit Waffen, nicht wahr, Master Kane? Sklaven sind immer wertvoller als Leichen, zum einen, und zum anderen denke ich, dass die Leute wissen sollten, dass Martin Stine mehr hat an seine Sehne als Waffen allein! Ja ..." Sein breiter Rücken war jetzt sowohl Jon als auch Deanne zugewandt, und er starrte durch eine breite Öffnung in die mit Edelsteinen besetzte Schwärze, und seine Worte waren für seine eigenen Ohren. „Sie werden wissen, wer Techniker ist und wer nicht! Die ITA wird mit zunehmendem Alter schwach – und die Schwachen werden zu Sklaven und die Starken zu Herren! Sie werden es sehen."

„Stine, du bist ein Idiot!"

Der große Mann drehte sich um, sah Jon an, und sein großes Gesicht erbleichte vor plötzlicher Wut, und dann strömte die Farbe zurück und er lachte.

„Stine, wissen Sie, was B- Haaq tun wird, wenn er erkennt, dass er versagt hat? Wenn er erkennt, dass die Frau, die ihn verschmäht hat, und der Mann, der seine Reihen verlassen hat, an Bord dieses Schiffes sind? Wissen Sie, was er eher tun wird?" als sich vor dir zu beugen? Er ist genau der Typ Mann, der du bist, Stine. Er wird mit allem, was er hat, in die Luft schießen! Bevor du weißt, was dich getroffen hat, wirst du erschlagen ... und ausnahmsweise werde ich froh sein um zu sehen, wie B- Haaq einen Trick macht!"

Er hörte Deanne keuchen und konnte fast das Zittern ihres Körpers spüren.

„Das ist genug von dir, Kane, sonst kleben noch ein paar Dutzend Verbände auf deinem ehrlichen Gesicht! Wenn dieser Welpe überhaupt seine Nase zu mir dreht, zeige ich ihm, was echte Waffen sind! Und lass ihn schwitzen." da draußen für eine Weile ohne seine Motoren !"

„Du denkst nur, dass du es tun wirst! Du hast nicht die leiseste Ahnung, aus welcher Legierung die Tinkers ihre Schiffe bauen, und du weißt es! Und es wird Spaß machen, dir dabei zuzusehen, wie du es herausfindest."

„Wenn sie die Dose verwenden , reparieren sie alles andere."

„Sie mögen dumm sein, Stine, aber es gibt sie schon eine ganze Weile .“

„In Ordnung, Sie wissen also, aus welcher Legierung ihre Rümpfe bestehen! Meine Batterien mit Elektrokanonen werden also …“

„Abprallen wie der Strahl einer Blitzlaterne , Stine. Aber ich schätze, du solltest abwarten und es dir selbst ansehen. Und wenn ich B- Haaq kenne , bekommst du die Chance!“

Und plötzlich überragte ihn Stine wieder. Jon zuckte angesichts der heftigen Ohrfeige zusammen, die direkt auf seinem unförmigen Gesicht landete.

„ Du verrätst mir die Legierung! Hörst du mich?“ Eine Ohrfeige härter als beim ersten. „Verstehst du, Kane?“

Jon spürte, wie Blut über sein Kinn lief.

„Ich werde dir nichts sagen, Stine. Nicht über die Legierung oder auch nur, wie du deine Waffen aufrüsten musst, um sie zu besiegen.“

Der nächste Schlag erfolgte mit Stines geschlossener Faust. Jons Kopf schnellte heftig zurück und er hielt sich mit reiner Willenskraft am Bewusstsein fest. Er bereitete sich auf einen weiteren Schlag vor. Es kam nicht. Und plötzlich war Stines Stimme ruhig, fast seidig, kaum laut genug, dass Jon es hören konnte.

„Schade“, sagte er, „dass Ihr Mann ein so trotziger Kerl ist, Lenantech . Ich kann mir fast vorstellen, dass er, selbst nach dem Risiko, das Sie eingegangen sind, um seine Haut zu retten, lieber zusehen würde, wie Ihr hübsches Gesicht zu Brei geschlagen wird.“ Erzähl mir die Dinge, die ich gerne wissen würde! Das ist ja bei diesen edlen Kerlen so. Natürlich ist das Gesicht eines Mädchens nicht alles. Aber ich nehme an, dass er sogar –“

„Stine, du würdest es nicht wagen!“

„Möchten Sie es mit mir versuchen, Master Kane?“

„Verdammt, Stine –“

Der große Mann ballte seine rechte Faust, hob sie, und Jon sah, wie Deannes Gesicht weiß wurde, sah die stille Bitte in ihren Augen in dem schnellen Blick, den sie ihm zuwarf. Aber ihre straffen Lippen bewegten sich nicht.

„Du solltest besser reden, Kane –“

„In Ordnung! In Ordnung, ich werde deine Waffen für dich rüsten!“

„Und du solltest dich besser beeilen! Solange meine Bildschirme nicht kaputt sind, haben deine kostbaren zehn Milliarden Prokymen nicht mehr allzu viel Zeit.“

Jon schaute erneut auf die Bildschirme und wusste, dass sich sein Entsetzen in seinem geschwollenen Gesicht widerspiegelte. Etwas krümmte sich widerwärtig in ihm und er schaute auf den Bildschirm, auf dem der Geejay schwang. B- Haaq und seine Männer verließen es endlich! Es verlassen, aufgeben.

Aber er sagte nichts, als Stine Haine aus dem Schiff rief, und schwieg, als der untersetzte, stämmige Mann ihm die Fesseln abnahm, während Stine eine Handwaffe an Deannes Kopf hielt.

„Ich brauche ihre Hilfe", stieß er dann hervor. „Auf Ihre Waffen und auch auf den Justifier. Sie hat schon früher an Doppel-As gearbeitet."

„Sie bleibt, Kane!"

„Sehr gut, sie bleibt. Aber wenn dieses Outfit den Geejay auch nicht reparieren kann, werden die Leute nicht allzu beeindruckt sein, oder? Ich sage, ich brauche sie, Stine. Das Ding da draußen ist selbst für mich zu stark kaputt." , jetzt allein. Aber es liegt an dir. Ich werde deine Waffen rüsten.

„In Ordnung, Kane! In Ordnung. Die Frau geht mit dir. Aber sie bleibt hier, bis du meine Batterien geschont hast!"

„Du gewinnst, ich widerspreche nicht. Bringen wir es hinter uns."

Haine führte ihn aus dem NIC-Raum und er konnte Deannes anklagende Augen in seinem Rücken spüren. Sie hasste ihn jetzt. Er wusste es.

———————————

XI

Die dünne Scheibe erschien seltsam im Licht des gequälten Binärsystems, und Jon führte Deannes im Anzug aufgeblähte Gestalt über ihre Lippe und kletterte dann selbst auf die glatte Metalloberfläche. Es war eine knifflige Angelegenheit, ohne Gewicht und ohne ausreichende Kenntnisse über die Handhabung des von Außerirdischen gebauten Kraftpakets, um die damit verbundenen heiklen Manöver durchzuführen.

Gemeinsam und wortlos holten sie die zylindrische Kapsel ein, die ihre Werkzeuge enthielt.

Knapp zehntausend Meilen entfernt wartete B- Haaq im Flaggschiff. Jon wusste, dass er darauf wartete, dass ein Element der Tinker-Schiffe eintraf und sich in Kampfformation um ihn formierte. Und als sie kamen. Ja, er wusste, was B- Haaq tun würde.

Er schaute zurück und konnte kaum die dunkle Masse von Stines großem Schiff erkennen, die die unzähligen Sterne dahinter verdunkelte. Macht gegen Macht. Sie müssten sich beeilen.

Er ging auf Deanne zu und sie entfernte sich. Er packte ihr Handgelenk, zog sie zu sich, berührte ihren Helm mit seinem und sprach schnell.

„Halten Sie Ihr Radio ausgeschaltet, dann reden wir so! Jetzt tun Sie genau das, was ich sage, und bevor Sie mich zum Ausverkauf verurteilen, arbeiten Sie, wie Sie noch nie zuvor gearbeitet haben! Wir haben vielleicht dreißig Minuten – vielleicht eine Stunde, bevor dieses ganze System zusammenbricht! Und noch weniger, bevor das andere Feuerwerk beginnt!"

Dann war er damit beschäftigt, sich die Werkzeuge zu schnappen und dem Rechtrichter auf den Grund zu gehen.

Stines Männer hatten es ziemlich vermasselt. B- Haaqs Männer hatten die Sache nicht besser gemacht. Die Operation selbst war einfach, aber es gab so viel zu tun.

Wortlos arbeitete Deanne in der schrecklichen Stille mit ihm. Während er arbeitete, dachte er darüber nach, wie lächerlich es jedem, der es beobachtete, vorkommen musste – zwei Pygmäen auf der Oberfläche eines Mechanismus von kaum hundert Metern Durchmesser, die ihren Verstand mit einer verrückt gewordenen Natur messen – zwei Pygmäen, die versuchen, ein ganzes Sonnensystem in den Griff zu bekommen ! Allein arbeitend, in der Kälte und im Dunkeln, nur mit ihren Helmlaternen als Orientierung für ihre Augen und Hände.

Deanne arbeitete reibungslos, da sie die wenigen Standardverfahren erkannte, die Jon anwendete, und fummelte ein wenig herum, als er Abkürzungen nahm, die sie nie für möglich gehalten hätte. Doch irgendwie, bemerkte er, schaffte sie es fast, mit ihm Schritt zu halten, schien seinen Gedanken fast instinktiv zu folgen.

Und das war schon fast alles, was ihn vom Standard-ITA-Techniker unterschied. Instinkt; Damit verbunden ist die Vorstellungskraft und das Wissen, das nur ein stets forschender Geist erlernen kann. Jon Kane. Wissenschaftler.

Schließlich berührte er erneut ihren Helm.

„Das genügt, Mädchen. Sie geht. Innerhalb von zwanzig Stunden wird der Sturm vorüber sein, in weniger als einer werden die Dinge auf den Planeten beginnen, sich zu bändigen. Und dann werden wir deinen Onkel bitten, uns zurück zum Sonnensystem zu bringen, und dort einen echten Job machen."

Er sah, wie sich ihre Augen weiteten. "Mein Onkel?"

„Ja. Jetzt bleib eine Minute ruhig. Ich-"

„Dreht euch beide um! Ich möchte eure Gesichter noch einmal sehen!"

Jon wirbelte herum. Er sah, wie Deanne in ihrem Helm kreischte. Am Rand der großen Scheibe stand B- Haaq , in jedem Handschuh eine Handwaffe!

„Ich wusste, wen sie schicken würden, Master Kane! Dachten Sie, ich würde Ihnen dieses kleine Projekt überlassen und obendrein noch den ganzen Kredit verschenken? Stehen Sie still!"

„Es ist Direktor Gentech Starn , wer gebührt dafür die Ehre, B- Haaq ! Und ich bin mir ziemlich sicher, dass er, nachdem er Sie in Aktion gesehen hat, dieses Mal wissen wird, wie man es benutzt! Denn er weiß jetzt, dass man das heutige Geschäft nicht mit den Werkzeugen von gestern machen und morgen im Geschäft sein kann!"

„Verdammt hübsch, Liebhaber! Ist das auch deine Art, die Frauen anderer Männer zu nehmen?"

Verdammt, dachte Jon. Jetzt läuft die Zeit davon. Ausgehen.

„Das passt zu dir! Ich glaube, ich habe dich gut getrimmt!" Und damit trat Jon heftig gegen die schwere Masse des Werkzeugzylinders und stürzte sich direkt auf B- Haaq !

Zwei Gewehre abgefeuert!

Die Zwillingsstrahlen blitzten direkt in Jons fliegende Gestalt und prallten dann harmlos in den Weltraum ab!

Und dann schwebten die beiden in der Leere und kämpften schweigend und verzweifelt um einen sicheren Halt.

Das Universum drehte sich wie verrückt, als Jon die Panzerhandschuhe des anderen abwehrte, die nach seinen Tankschläuchen griffen, und dann schlug er mit aller Kraft, die er konnte, auf die zerbrechliche Frontplatte ein. Und wurde pariert.

Dann berührten sich für einen Moment ihre Helme.

„Du bist ein echter Idiot, Majtech ! Warum glaubst du, dass ich keine dieser Waffen aus dem Arsenal des Flaggschiffs mitgenommen habe? Verdammt, da war keine, die funktionierte!"

B- Haaq griff verzweifelt nach dem Side-Hog an Jons Helm; fing es auf und begann sich zu drehen!

Jon packte den Arm im Anzug, hielt ihn ... hielt ihn fest und drehte seinen Körper. Dann erweckte er mit den Fingern das Anzugpaket zum glühenden Leben und schmolz ein schreckliches, klaffendes Loch in den Anzug des Majtech !

Für den Bruchteil einer Sekunde sah er die entsetzte Grimasse des Hasses und des Unglaubens auf B- Haaqs schmalem Gesicht, und dann war das Innere des Helms eine Masse aus explodierendem Fleisch und Blut.

Er wirbelte herum. Rücksichtslos zurück zum Justifier geschossen, fast verfehlt; rückgestrahlt, gerutscht.

Er packte Deanne an der Taille ihres Anzugs und schaltete dann sein Weltraumradio ein.

„Das ist Kane, der Stine ruft! Kane, der Stine ruft! Hörst du mich, Stine?"

Seine Kopfhörer knisterten. „Was zum Teufel ist da draußen los, Kane? Hast du —"

„Stine, du bist ein richtiger Dummkopf! Ein echtes Prokyman-Fledermaushirn! Du hättest mittlerweile besser wissen sollen, wem du vertrauen kannst! Das Mädchen und ich haben hier draußen einen Job für dich erledigt. Du wirst es jetzt nie mehr reparieren lassen, nicht in zehn Millionen Jahren! Sicher, ein System stirbt; es gibt sein Leben, aber damit Menschen wie du nicht andere Menschen glauben lassen können, du seist Gott, und andere wie es versklaven kannst! Du bist durch, Stine!"

„Kane, du wirst sterben, wo du stehst!" Die Kopfhörer zitterten fast aus ihren Anschlüssen.

Und Jon zog an Deanne, zog sie auf dem glatten Metall der fast flachen Scheibe neben sich her!

„Schütze deine Augen!"

Jede Waffe in Stines Batterien brannte. In Flammen aufgegangen und in einem blendenden, funkelnden Meer aus blau-weißen Flammen nach innen geschleudert, das für einen Moment Procyon selbst Konkurrenz zu machen schien! Für stille Sekunden schien das große Schiff sich selbst in den aufgestauten Energien zu verschlingen, die plötzlich in einem einzigen höllischen Feuerstrom aus seinen ausbrechenden Eingeweiden freigesetzt wurden, dann war es keine Materie mehr, sondern ein großes Gespenst aus superheißen Gasen, die sich schnell in der Dunkelheit auflösten der Unendlichkeit.

„Jon! Jon, Liebling –"

„Es ist in Ordnung, Prinzessin. Jetzt ist es in Ordnung."

"Aber du-"

„Ich habe seine Waffen für ihn repariert. Er hat mich dazu gebracht, das zu tun, erinnerst du dich? Oh, ich habe sie gut repariert!"

Und dann lachten beide. Gelacht, bis die Tränen kamen, zwei Pygmäen im Weltraum, zwei Pygmäen vor einem Sonnensystem aus Planeten mit einem ganzen Universum, um sie zu hören.

Dann begannen langsam zwei feine Feuerspuren auf eine schlanke, stromlinienförmige Gestalt zuzusteuern, die zehntausend Meilen entfernt schwebte.

Irgendwo hoch über ihnen zwinkerte ein Cepheid. Wissentlich.